हिंदी भाषा के मुहावरे और उनका प्रयोग - भाग 1

पंकज शर्मा

notionpress
.com

INDIA • SINGAPORE • MALAYSIA

ISBN 979-8-89744-274-4

हिंदी भाषा के मुहावरे और उनका प्रयोग -- भाग 1

Idioms in Hindi Language &

Their Usage -- Volume 1

अ से शुरू होने वाले मुहावरे

Idioms Starting With Letter अ

निम्न इसे ज़रूर पढ़ें

Following Do Read This Book

सी बी एस ई, कक्षा दसवीं के छात्र (हिंदी बी कोर्स)

CBSE, X Class Students (Hindi B Course)

यू. पी. एस. सी. परीक्षा देने वाले विद्यार्थी

Students Appearing for UPSC Exams

वयस्क भारतीय, जो हिंदी सीखना चाहते हैं

Adult Indians, Who Want To Learn Hindi

विदेशी, जो हिंदी सीखना चाहते हैं

Foreigners, Who Want To Learn Hindi

के द्वारा

By

पंकज शर्मा

Pankaj Sharma

आमुख

FOREWORD

पाश्चात्य संस्कृति के प्रभाव के कारण, बहुत से लोग अपने ओहदे और शानो शौकत के चलते, हिंदी भाषा की भूमिका और उसकी महत्ता को नज़रअंदाज़ कर देते हैं।

With the western culture taking over, as a matter of their high class status symbol people often have been downcasting the role and importance of the Hindi language.

फिर भी, आधुनिक काल में हिंदी के अलावा कोई और भाषा भारत को एकता के सूत्र में नहीं पिरो सकती, भारत के दर्शन, संस्कृति, विभिन्नता और अनेकता में एकता को प्रकट नहीं कर सकती।

However, no language other than Hindi can best unite India and can reflect Indian philosophy, culture, dynamism, and unity in diversity in modern times.

अक्सर जब बच्चे बड़े हो जाते हैं तो भाषाएँ नज़रअंदाज़ होने लगती हैं, और अधिकांश बार लोग हिंदी को हल्के में ले लेते हैं। इस किताब के ज़रिए हम भारत में हिंदी भाषा की भूमिका और महत्ता के प्रति लोगों को सचेत करने का प्रयास करेंगे।

Often as child gets into higher classes the languages are ignored and many times Hindi is actually taken for granted. Through our work we would like to spread awareness for the role and importance of Hindi language in India.

कई बार भारत में गैर हिंदी भाषी प्रान्तों में हिंदी सीखना मुश्किल होता है। इसीलिए, हमने ये किताब प्रकाशित की है, जिसमें अंत में हिंदी भाषा ट्यूशन के लिए सम्पर्क जानकारी भी दी है, जो कि विभिन्न प्रकार के विद्यार्थियों के लिए हैं।

Also at times in some Non-Hindi Speaking parts of India, it becomes hard for willing people to master this language. So, we have at the end of this book given some information for hindi tuitions available, such information is availed for a variety of students.

नोएडा   27 फ़रवरी 2025   लेखक पंकज शर्मा

NOIDA   27 February 2025   AUTHOR PANKAJ SHARMA

भूमिका

PREFACE

इस किताब में सी. बी. एस. ई. और यू. पी. एस. सी की परीक्षाओं के पाठ्यक्रम के अनुसार अ अक्षर से शुरू होने वाले सभी मुख्य मुहावरे और उनके वाक्य प्रयोग सम्मिलित किए गए हैं। भारतीय और विदेशी, जो हिंदी भाषा सीखना चाहते हैं, उनके लिए ये मुहावरों पर अच्छी किताब है।

This book incorporates all key idioms starting with the first letter of the Hindi alphabet and their usages as per CBSE class X Hindi and various UPSC Exam Curriculum. It shall also be the notes on idioms in Hindi language for Indians and Foreigners wanting to master Hindi language.

इस किताब के अंत में आपको हिंदी और अंग्रेज़ी माध्यम से ऑनलाइन हिंदी भाषा ट्यूशन की जानकारी दी है। ऑनलाइन हिंदी भाषा कोर्स सी. बी. एस. ई. कक्षा दसवीं के छात्रों, यू. पी. एस. सी. के छात्रों, भारतीय या विदेशी, जो हिंदी भाषा सीखने के ऐच्छुक हैं, उन के लिए उपलब्ध कराए जाएँगे।

At the end of this book you will find information for hindi online course available in both Hindi and English Medium. Online Hindi Language Courses shall be for CBSE class X students, UPSC Exam students, Indians or Foreigners wanting to learn the Hindi Language.

बढ़ती बहुराष्ट्रीय कम्पनियों और भारत की जनसंख्या के चलते नित दिन कई लोगों को हिंदी भाषा सीखने की ज़रूरत होती है। आमतौर पर किसी हिंदी भाषी प्रांत में वस्तुओं और सेवाओं का प्रचार हिंदी माध्यम में करना उत्तम है। अतः इन ज़रूरतों के लिए पाठक इस किताब को देख परख सकते हैं।

With ever increasing Multinational Corporate Size and India's Population, it is being widely acknowledged that to make a sale one has to master the Hindi Language, as it is the medium to communicate with consumer groups in Hindi Speaking Parts of any region. For these reasons one can refer this book.

लेखक पंकज शर्मा   AUTHOR PANKAJ SHARMA

आभार

ACKNOWLEDGEMENTS

गैर हिंदी भाषी प्रांतों के लोगों के हिंदी सीखने की प्रक्रिया में आयी हुई दिक्कतों को मैंने बहुत समीप से देखा और इसने ही मुझे इस किताब को लिखने का मौका दिया, इसके लिए मैं उन सभी के प्रति अपना आभार प्रकट करता हूँ, जो मेरे सहायक रहे। नोशन प्रेस और इसके रहे कई कर्मचारियों ने कुछ वर्षों से मेरा सहयोग किया।

I got to observe from quite near the difficulties non hindi speaking people have in learning to speak hindi and this only prompted me or gave me an opportunity to write this book, and for this I acknowledge everyone's role who helped me. Notion Press and many of its employees helped me through several past years.

नोशन प्रेस के कई कर्मचारियों ने इस किताब के प्रकाशन की प्रक्रिया में मेरा बहुत साथ दिया। समय समय पर मुझे बेहतर सुझाव मिलते रहे। पब्लिशिंग हाउस की तरफ से मुझे दिशा और सुझाव मिले। इन्होंने मेरा बहुत सहयोग किया। पब्लिशिंग संबंधी कई विषयों पर मैंने नोशन प्रेस के प्रतिनिधियों पर सम्पूर्ण रूप से भरोसा किया।

Many employees of Notion Press helped me a lot in this book publishing process. From time to time I got better suggestions. From the publication house I got direction and sugestions. They provided great support to me. Regarding certain things related to publishing I wholeheartedly had trusted Notion Press Publishing House.

मेरे माता-पिता और समूचे परिवार ने इस किताब के लिखने में मेरा सहयोग किया।

My parents and my entitre family assisted me in writing this book.

लेखक पंकज शर्मा   AUTHOR PANKAJ SHARMA

अ से शुरू होने वाले मुहावरे

(IDIOMS STARTING WITH LETTER अ)

1. अंक देना या लगना —

   आलिंगन देना — to embrace someone

   गले लगना — to hug someone

   अच्छा नतीजा आने पर पिताजी मुझे <u>अंक देने</u> लगे।

   अंक भरना या लगाना, अंक में भरना —

   आलिंगन देना — to embrace someone

   हृदय या गले लगाना — to hug someone, to embrace someone bringing him or her near one's own neck or heart

   प्रेमवश गोद में लेना — to embrace someone bringing him or her near one's own lap or out of love and affection make someone sit on somebody's lap

   तोतली भाषा सुनकर माँ बच्चे को <u>अंक में भरने</u> लगी।

   अंक से लगाना —

   गले या हृदय से लगाना — to hug someone, to embrace someone bringing him or her near one's own neck or heart

   प्रेमवश गोद में लेना — to embrace someone bringing him or her near one's own lap or out of love and affection make someone sit on somebody's lap

   लंबे अरसे बाद छोटे भाई को सामने पाकर मैंने उसे <u>अंक से लगा लिया।</u>

   अंक में लेना या समेटना या समेट लेना —

   गोद में लेना — to take someone in the lap, to enfold

   रोते हुए बच्चे को माँ ने <u>अंक में समेट लिया।</u>

2. अंकुर जमना —

   आरंभ या शुरुआत या प्रारंभ होना — the germination of the seeds, something to begin or start

   छुटपन से ही उसके मन में पायलट बनने का <u>अंकुर जम चुका</u> था।

3.   अंकुर जमाना —

आरंभ या शुरुआत या प्रारंभ कर देना — to plant out sprouts, to plant the germinated seed

कपटी मन में षड्यंत्र का <u>अंकुर जमने</u> लगा।

नए पड़ोसी का सरल स्वभाव पाकर श्याम लाल के मन में स्नेह का <u>अंकुर जम</u> गया।

4.   अंकुरित होना —

अंकुर के रूप में निकलना, उत्पन्न या प्रस्फुटित होना — to come into existence

वैर द्वेष को भूल उसके मन में प्यार <u>अंकुरित होने</u> लगा।

5.   अंकुश देना या लगना —

किसी को नियंत्रण में रखने के लिए उस पर किसी तरह का दबाव डालना — to pressurize someone to stay in someone's control, to goad

अस्वस्थता के कारण मनोहर के दिन भर घर से बाहर रहने पर <u>अंकुश लग</u> गया।

अंकुश में रखना —

किसी को किसी और के नियंत्रण में रखना — to hold in submission, to keep in check

बच्चों का जीवन सार्थक बनाने के लिए उन्हें <u>अंकुश में रखना</u> चाहिए।

अंकुश रखना —

किसी पर किसी का नियंत्रण जारी रहना — to exercise control over someone

जिलाधिकारी अपने अधीनस्थ कर्मचारियों पर <u>अंकुश रखना</u> जानते हैं।

6.   अंकुश न रखना —

किसी पर नियंत्रण न रखना — not to exercise control over someone

<u>अंकुश न रखने</u> के कारण उनके बच्चे दिन रात वीडियो गेम खेलते रहते हैं।

7.   अंकुश लगाना या लगा देना —

पाबंदी या रोक लगाना या किसी चीज़ को होने से रोकना या किसी पर किसी और का नियंत्रण होना या किसी चीज़ के संदर्भ में कोई निश्चित सीमा लागू कर देना या लगा देना — to curb or have control or limit on something, to goad something, to have control over someone

गायक बनना है तो उन्हें खान - पान पर <u>अंकुश लगाना</u> पड़ेगा।

8.   अँखियाँ सुख, कलेजा ठंडा —

परम शांति — bright to sight, heart's delight

सरपंच ने जब मेरे पक्ष में फैंसला सुनाया तो मुझे <u>अँखियाँ सुख, कलेजा ठंडा</u> की अनुभूति हुई।

9. अंग उभरना —

बालिका के यौवनावस्था में प्रवेश करते समय उसके वक्षस्थल का उभरना — when a female enters youth, the expansion in the size of her breast

उस कमज़ोर सी मज़दूर लड़की का बड़े होते होते कैसा <u>अंग अंग उभर</u> आया है।

10. अंग छूना —

कसम खाना — to take pledge or oath or give a promise either to do something or to abstain from doing something

बेटे ने माँ का <u>अंग छू कर</u> यह कसम खाई कि अब से वह चोरी कभी नहीं करेगा।

11. अंग ढकना —

शरीर छिपाना — to hide one's body

उस भिखारी के पास <u>अंग ढकने</u> को भी पूरे कपड़े नहीं थे।

12. अंग ढीले पड़ना या पड़ जाना या अंग अंग ढीला होना —

जोड़ों तथा मांसपेशियों में पहले सी कसावट न होने से काम करते समय जल्दी थक जाना या शिथिल हो जाना — absence of tightness of joints and muscles like the one that had existed earlier sometime, causing tiredness and looseness quite early at work at current times

उम्र बढ़ने के साथ साथ उसका <u>अंग अंग ढीला</u> हो चला।

13. अंग तोड़ना —

किसी दर्द के होते अपने हाथ पाँव पटकना या छटपटाना — moving your hands and legs in all directions due to the felt pain

कठोर परिश्रम करना — to work hard to achieve something

<u>अंग तोड़</u> मेहनत कर के वह दौड़ में स्वर्ण पदक ले ही आई।

14. अंग फड़कना —

किसी अंग का काँपना, जो शुभता या अशुभता लाता हो, मान्यताओं के अनुसार, जैसे आँखों की फड़कन — vibration felt in some organ, often thought to bring good or bad luck, according to belief, like vibrations felt in eyes

इतने लंबे समय आराम कर मेरा <u>अंग फड़कना</u> बंद हुआ।

15. अंग फड़कने लगना —

आवेश से भर उठना — to become impulsive, to be filled or excited with impulse

बोर्ड की परीक्षा में प्रथम आने की खबर पाकर उसका <u>अंग अंग फड़कने लगा।</u>

16. अंग बन जाना —

सदस्य बन जाना या हो जाना — to become a member of a group or unit

फेरे होते ही नयी बहू हमारे खानदान का <u>अंग बन गई</u>।

17. अंग मोड़ लेना —

किसी औरत का शर्माते हुए अपने अंगों को छिपा लेना — some lady out of shyness making efforts to hide her organs

रॉबिन के देखते ही सूसन ने अपना <u>अंग मोड़ लिया</u>।

18. अंग लगना —

उपभोग किए खाद्य पदार्थों से शरीर का हृष्ट पुष्ट होना — body becoming healthy due to consumption of food products

गले लगना — to hug someone

खुशी खुशी खाना खाने पर ही खाया पिया <u>अंग लगता</u> है।

19. अंग लगाना या लगा पाना या लगा सकना —

गले लगाना — to initiate to hug someone

वस्त्र आदि पहनना — to wear clothes etc.

बहुत साल बाद मित्र को सामने पा कर हरीश ने दौड़कर उसे <u>अंग लगा</u> लिया।

20. अंग शिथिल पड़ जाना या पड़ने लगना या अंग शिथिल होना या हो जाना —

अंग कमज़ोर पड़ जाना और उनका हिलना डुलना धीमा पड़ जाना — organ becoming weak and it's movement slowing down

इस बुढ़ापे में मेरे <u>अंग शिथिल पड़</u> गए हैं।

21. अंगड़ाई लेना —

गतिमय होना या गति पकड़ लेना — something to catch on certain speed

सिविल सेवा परीक्षा उत्तीर्ण करने की इच्छा उसके मन में <u>अंगड़ाई ले</u> चुकी है।

22. अंगार उगलना या अंगारा उगलना या अंगारे उगलना —

ज़्यादा गुस्सा करते हुए कड़ी व कड़वी बातें कहना, किसी को जली कटी सुनाना, गुस्से में किसी को कठोर वचन कहना — to be fierce and fiery in speech, to spew venom, to utter venomous words

ज़रा सी उसके मन की न हो तो वह <u>अंगार उगलने</u> लगता है।

23. अंगार या अंगारा बनना या होना या हो जाना —

अंगारे की तरह जलना — burn like embers

क्रोध या गुस्से या रोष या उत्साह या तमकने से जंगली बनना या जंगली हो जाना — To be wild with rage

क्रोध या गुस्से या रोष या उत्साह या उत्पात में या फ़िर तमकते हुए बह जाना — to flush with rage

हर दिन उसका <u>अंगारा बनना</u> मैं न झेलूँगी।

24. अंगारे बरसना —

बहुत अधिक गरमी पड़ना या अत्यधिक गर्मी पड़ना या प्रचंड लू चलना या तेज़ धूप पड़ना — to be excessively hot (especially, temperature during the hot season), rain hot coals

इतने <u>अंगारे बरस रहे</u> हैं कि लोग त्राही त्राही कर रहे हैं।

25. अंगारे बरसाना —

क्रोध प्रकट करना — to express one's anger

अत्यंत गुस्से से देखना — to look at someone or something with extreme anger

बेटे का सफ़ेद झूठ सुनते ही पिता <u>अंगारे बरसाने</u> लगे।

26. अंगारे सिर पर धरना —

किसी भारी आपत्ति या विपत्ति को सहन करना या मोल लेना — to tolerate or take up some danger or difficulty or adversity

सही से पढ़ लिख लो नहीं तो <u>अंगारे सिर पर धरने</u> पड़ेंगे।

27. अंगारों पर चलना, अंगारों पर पैर रखना —

वर्तमान या भविष्य में किसी ऐसी दिक्कत पूर्ण परिस्थिति में पड़ जाना जिससे किसी को आलोचना या सज़ा का ख़तरा पैदा होता हो — at present or in future get into a difficult situation that can cause you danger of criticism or punishment

— to jump into hot waters

मेरी बात नहीं मानोगे तो <u>अंगारों पर चलना</u> पड़ेगा।

28. अंगारों पर लोटना —

अत्यधिक हिंसक क्रोध की भावना में लिप्त रहना — to burn with rage

अत्यधिक हिंसक ईर्ष्या की भावना में लिप्त रहना — to burn with envy

बहुत झगड़े हो गए, एक पल भी और यहाँ रहना <u>अंगारों पर लोटना</u> ही होगा।

29. अंग छूकर कहना —

किसी आत्मीय जन का कोई अंग, खासतौर पर उसके हाथ या माथा छूकर, सशपथ अवस्था में कुछ कहना — to touch the organ, especially hand or forehead of a pious person, along with an oath, which is expressed, to swear devotion to

अपने दादा का <u>अंग छूकर कहो</u> कि अब से तुम झूठ नहीं बोलोगे।

अंग छूना —

कसम खाना — to swear

तुमने <u>अंग छूकर</u> क्यों नहीं कह दिया कि तुम अब से झूठ नहीं बोलोगे?

30. अंग में अंग चुराना —

शर्म महसूस करना, शर्माना — to feel shy

लड़के वाले मीनाक्षी को देखने आए तो वह <u>अंग में अंग चुराने</u> लगी।

31. अंग-अंग खिल उठना, अंग अंग खिल जाना —

प्रसन्न हो जाना — to become happy

पूरे शरीर से प्रसन्नता व्यक्त होना — happiness being expressed through whole body

जब मैं पूरे विद्यालय में प्रथम आया तो मेरा <u>अंग अंग खिल उठा।</u>

32. अंग-अंग टूटना —

सारे बदन में दर्द होना — pain to be felt in whole body

शरीर के सभी जोड़ों में दर्द होना — pain in all joints of the body

दीपावली से पूर्व खूब सफ़ाइयाँ कर के मेरा <u>अंग अंग टूटने</u> लगा।

अंग टूटना —

बेहद थकावट हो जाना — to feel a lot tired

हाल में बीमारी से उठी हूँ, सो ज़रा सा काम करते ही मेरा <u>अंग टूटने</u> लगता है।

अंग-अंग ढीला होना —

बहुत या अत्यधिक थक जाना या शिथिल हो जाना — to feel a lot tired

रेलगाड़ी के तीन दिन के लंबे सफर के बाद मेरे <u>अंग अंग ढीले हो</u> गए।

33. अंग-अंग फूले न समाना —

बहुत आनंदित होना — to be a lot delighted

बेहद प्रसन्न होना — to feel infinitely happy

आनंदविभोर होना — to be overjoyous

अत्यधिक प्रसन्न होना — to be extremely happy

— to be in a rapture

मर्चैंट नेवी में मेरा चयन होने पर माता पिता के <u>अंग अंग फूले न समा</u> रहे थे।

अंग फूले न समाना —

बहुत खुशी होना — to be very happy, to be in a rapture

अपने बोए बीजों के किल्ले फूटते देखकर मेरे <u>अंग फूले न समा</u> रहे थे।

अंग-अंग मुस्काना —

बहुत या अत्यधिक या अति प्रसन्न होना — to be very happy

जब हम फुटबॉल मैच जीते तो मेरी टीम के सदस्यों के <u>अंग अंग मुस्काने</u> लगे।

अंग में अंग न समाना —

अपार उत्साह महसूस या व्यक्त करना — to feel or express a lot of excitement or enthusiasm

बहुत ज़्यादा खुशी महसूस या व्यक्त करना — to feel or express a lot of happiness

खुशीपूर्ण भावना महसूस या व्यक्त करना — to feel or express a lot of happiness

उत्साहीपन महसूस या व्यक्त करना — to feel or express a lot of enthusiasm

रोमांचितपन महसूस या व्यक्त करना — to feel or express a lot of thrill

अपार प्रसन्नता महसूस या व्यक्त करना — to feel or express a lot of happiness

— to be in a fit of ecstasy, ecstatic or feeling or expressing overwhelming happiness or joyful excitement

त्योहार पर कई साल बाद भाई से मिली तो मेरे <u>अंग में अंग न समा</u> रहे थे।

34. अंगड़ाना —

अंगड़ाई लेने लग जाना — to start stretching one's body

अंगड़ाई लेना, अंग अंग तोड़ना — to stretch one's body

सो कर उठते ही <u>अंगड़ाने</u> से सारा आलस दूर हो जाता है।

35. अंगद का पाँव या पैर होना —

किसी चीज़ का अटल दृढ़ होना कि कोई उसे पलट न सके — irrevocably firm

पायलट बनने की मेरी इच्छा <u>अंगद के पाँव</u> की तरह मेरे जीवन को दिशा दे रही है।

36. अँगुली उठाना —

किसी के चरित्र या ईमानदारी पर शंका करना — to doubt some person's character or his or her honesty

प्रमाण के बिना किसी के चरित्र पर <u>अँगुली उठाना</u> ठीक नहीं।

37. अँगुली पकड़कर पहुँचा पकड़ना —

थोड़ा पाकर अधिक पाने की कोशिश करना — Having got a little of something, making efforts to get more of it

राम ने अपने मित्र को मुसीबत में सहारा क्या दिया, उसने तो <u>अँगुली पकड़कर पहुँचा पकड़ना</u> शुरू कर दिया।

38. अँगूठा चूसना —

अज्ञानता का परिचय देना, बच्चों की सी नासमझ वाली बात करना — to show up one's ignorance, to talk without any proper understanding just like children do.

वह क्या <u>अँगूठा चूसता</u> बच्चा है, जो उसे अकेले जाने से रोक रहे हो।

39. अँगूठा छाप –

अनपढ़ — illiterate

<u>अँगूठा छाप</u> होते हुए भी उसने इतना बड़ा व्यवसाय स्थापित कर दिया।

40. अँगूठा दिखाना —

निराश करना या तिरस्कारपूर्वक मना करना — to disappoint someone, to insultingly deny something to someone

चुनौती देते हुए वस्तु देने से इन्कार करना — to deny to give anything while also challenging the other person

किसी खास समय पर धोखा देना — to deceive on an important time

देने से साफ़ इन्कार कर देना — to refuse point blank

— to gesture with the thumb in defiance

मेरी नौकरानी तो मेहमानों के आते ही <u>अँगूठा दिखा देती</u> है।

41. अँगूठे पर मारना —

किसी व्यक्ति या चीज़ को नीच या तुच्छ या कुत्सित या घिनौना समझना — to regard someone or something as low or inappreciable or sickening or contemptible

आलसी कारीगरों को तो इस कारखाने का मालिक <u>अँगूठे पर मारता</u> है।

42. अँगूठी का नगीना —

अत्यधिक सम्मानित व्यक्ति अथवा वस्तु — very respected person or very important thing

सीधे साधे नव आगंतुक को गाँववालों ने साधारण व्यक्ति समझा पर वह तो <u>अँगूठी का नगीना</u> ही निकला।

43. अँगूर खट्टे होना —

— Grapes are sour

जो कुछ पा न सको (whatever one is not able to achieve) या (or)

जो किसी को मिल न सके (whatever is inaccessible for anyone and everyone),

उसे तुच्छ या बेकार बताना (to consider it inappreciable or wasteful)

जो कुछ भी कोई हासिल न कर पाए, उसके लिए फिर

Whatever one is not able to accomplish, if he or she for it

दोष दे (levels charge), या (or)

निंदा करे (reprove), या (or)

झिड़की दे (discommend), या (or)

आक्षेप करे (declaim), या (or)

दोष लगाए (accuse) या (or)

किसी व्यक्ति या चीज़ को उसका दोष दे या इस वजह से किसी का अपमान करे

blames a certain person or thing or for this reason insults someone

डॉक्टरी बीच में छोड़ कर उसने डॉक्टरी की कमी निकाली, तब उसके मित्रों ने कहा कि उसके लिए <u>अँगूर खट्टे हैं</u>।

44. अंचल या आँचल पसारना या फैलाना —

पहने हुए कपड़े या किसी अन्य कपड़े को हाथ में लिए फैलाते हुए विनम्र भाव से कुछ माँगना — spreading a worn cloth or some other cloth and politely asking for something

बालक की बिगड़ती दशा देखकर माँ भगवान के आगे <u>अंचल पसारकर</u> विनती करने लगी।

45. अंजर-पंजर ढीला होना —

किसी चीज़ का खराब होना ताकि वह सही तरह से काम न कर सके — to be out of order so that it does not function properly

किसी व्यक्ति या जीव के अंगों और जोड़ों में किसी वजह से कसावट कम हो जाना —

to become tired and fagged out, due to loosening up of organs and muscles due to any reason

और चढ़ाई मुझसे न होगी, अब तक तो मेरे <u>अंजर - पंजर ढीले हो</u> चुके हैं।

46. अंजर - पंजर तोड़ना —

बहुत बुरी तरह से मारना ताकि कोई ढाँचा ही टूट जाए — to give severe beating that even the skeleton or some thing's form breaks

तुम तमीज़ में न रहे, तो तुम्हारा <u>अंजर - पंजर तोड़</u> दूँगा।

47. अंजलि देना —

किसी को आदर देना — to pay respect towards someone

किसी को पूजना — to worship someone

किसी के प्रति श्रद्धा जताना — to pay homage towards someone

किसी के प्रति वफ़ादारी दिखाना — to show up honesty towards someone

किसी के प्रति भक्ति दिखाना — to show up devotion towards someone

किसी को श्रद्धांजलि देना — to pay tribute to someone

हम ने सारनाथ पहुँच कर महात्मा बुद्ध को <u>अंजलि दी।</u>

48. अंजलि भर —

थोड़ा सा — very little

बिल्कुल थोड़ा सा — just a little

ज़रा सा — very small in amount, very little

— handful

आज खाना कैसे बनेगा, घर में <u>अंजलि भर</u> भी अनाज नहीं है।

49. अंजाम देना —

कोई निश्चित कार्य को पूरा कर लेना या करना शुरू कर देना — to carry out a task

उस परियोजना को <u>अंजाम देने</u> के लिए तुम्हें आगे बढ़कर काम करना पड़ेगा।

50. अंटसंट बकना —

बिना सिलसिले के जो मर्जी आए सो कहना — to talk nonsense, to advance rambling arguments

वहाँ पर जो भी बोलो, सोच समझकर बोलना, बस <u>अंटसंट बकते</u> मत रहना।

51. अंटी देना या मारना —

उँगलियों के बीच कुछ छुपा लेना — to hide something in between the fingers

थोड़ा थोड़ा कर के चुराना या उड़ा लेना या लेकर चंपत हो जाना — to pilfer

इस बार तो खेतिहर मज़दूर बहुत सी मटर लिए <u>अंटी देने</u> में लगे रहे।

52. अंडा फूट जाना —

भेद खुल जाना, छुपे राज़ का जग जाहिर हो जाना — a secret to get leaked

एक न एक दिन तो <u>अंडा फूट जाना</u> ही है।

53. अंडा सेना या अंडे सेना —

घर ही में बैठे रहना — not to come out of house at all

यूँ ही <u>अंडा सेने</u> से हमारा काम न बनेगा।

54. अंडे का शहज़ादा —

जिसे कोई अनुभव न हो — inexperienced

आज तुम <u>अंडे के शहज़ादे</u> हो, परंतु बाहर निकलोगे तो बड़े अफ़सर भी बन जाओगे।

55. अंत करना —

खत्म करना — to put an end to something

बेकार के कामों का <u>अंत करना</u> सीखो, नहीं तो कभी कोई काम समय पर पूरा नहीं होगा।

56. अंत न पाना —

रहस्य न जान पाना — not able to know the secret

कुछ लोग इतने तेज होते हैं कि हम पूरा समय लगाकर भी उनका <u>अंत न पा</u> सकें।

57. अंत पाना या अंत पा लेना —

रहस्य गहराई से जान लेना या समझ लेना — to know or understand some secret in depth, to fathom the secret

आख़िर किसी की सच्चाई कब तक छुप सकती है, एक दिन तो सब का <u>अंत पाना</u> मुमकिन हो ही जाता है।

58. अंत बिगाड़ना —

किसी चीज़ का नतीजा खराब कर लेना — to spoil the result

तुम तो इतने अच्छे अंक लाते रहे हो, पर अब बोर्ड में अपना <u>अंत बिगाड़ने</u> पर मत तुलो।

59. अंत भला सो भला —

जिसका अंत अच्छा हो, तो उसका सब कुछ अच्छा ही है — all is well that ends well

धीरज रखो, एक दिन तुम ज़रूर कामयाब होगे, आख़िर <u>अंत भला सो भला।</u>

60. अंततोगत्वा —

किस्सा कोता, अंततः — at last, finally, ultimately

पूरे साल मस्ती करते रहे, पर <u>अंततोगत्वा</u> मेहनत कर ली सो बढ़िया अंक आ गए।

61.	अंतर के पट खोलना —

अपने हृदय की बात किसी से कहना — to tell someone one's heart felt things

किसी के भी सामने <u>अंतर के पट खोलने</u> से पहले यह सोच लिया करो कि कौन तुम्हारी हँसी नहीं उड़ाएगा।

62.	अंतिम घड़ियाँ गिनना —

मृत्यु या अंत या समाप्ति के बहुत निकट हो जाना — to come close to death or an end

बीमारी से जूझते वे अब <u>अंतिम घड़ियाँ गिन</u> रहे हैं।

अंतिम यात्रा या महायात्रा — one's journey's end, death

बीमारी से जूझते जूझते वे <u>अंतिम यात्रा</u> पर निकल पड़े।

अंतिम साँस लेना — to breathe one's last

आज पूरे परिवार के सामने उन्होंने <u>अंतिम साँस ली।</u>

63.	अंदर करना —

किसी को जेल में डाल देना — to put behind the bars

किसी को किसी चीज़ के अंदर ही रखना — to put inside

उसके ग़लत कामों के लिए पुलिस ने आखिर उसे <u>अंदर कर</u> दिया।

64.	अंदाज़ लगाना —

अटकल, अनुमान, अंदाज़ा करना या लगाना — to make an estimate, to conjecture

मूल्य आँकलन करना, कई बार अटकल, अनुमान, अंदाज़ा लगाना — to evaluate

अब तो वह नागपुर पहुँच चुके होंगे, पिताजी <u>अंदाज़ लगाने</u> लगे।

65.	अंधा करना या बनाना —

किसी को धोखा देना, ठगना — to deceive

किसी का ऐसा हाल कर देना कि वह सच्चाई न देख पाए, किसी को विवेकहीन कर देना

— to render someone incapable to perceive the reality

वह ठग अपने प्यार मोह में सब को फँसाकर <u>अंधा कर</u> देता है।

66.	अंधा बनना या होना या हो जाना —

आगे पीछे का कुछ नहीं देख पाना — not able to look back or front at anything

किसी विषय संबंधी सभी महत्त्वपूर्ण चीज़ों के बारे में न सोच पाना — not looking at the big picture or not taking into account every key related factor

भले बुरे की समझ ना रहना या विवेक या बुद्धि से हीन होना — corrupted discretion or prudence

अंधपन का ढोंग करना — to feign blindness

वे अपने बच्चों के मोह में इतने <u>अंधे बने</u> हुए हैं कि उनकी ग़लतियों को नहीं देख पा रहे।

67. अंधा समझना —

विवेकहीन समझना — thinking that someone is not wise

श्याम को उन्होंने इतना <u>अंधा समझ</u> रखा है जैसे श्याम को उनकी चालाकियाँ समझ ही नहीं आ रही हों।

68. अंधाधुंध —

बिना सोचे विचारे या विवेकहीन होकर — without using wisdom or common sense to judge what is right or wrong

लगातार, बेतहाशा — continuously, without ever ending

बेहिसाब — without any account

तुम <u>अंधाधुंध</u> बतियाते मत रहा करो।

69. अंधाधुन्ध लुटाना —

बिना सोचे समझे कुछ भी कितना भी खर्च करना — to spend without proper thinking

सब औरों पे ही <u>अंधाधुन्ध लुटाते</u> जाओगे, तो हमारे कल के लिए कुछ नहीं बचेगा।

70. अंधानुकरण करना —

आँखें मूँदकर, बिना सोचे समझे, किसी की नकल करना — to copy someone, with closed eyes, without ever thinking or understanding

आजकल प्रचलित अत्याधुनिक कपड़ों को पहनने में <u>अंधानुकरण करना</u> सही नहीं।

71. अंधी खोपड़ी —

विवेक या बुद्धि से हीन व्यक्ति — a person without wisdom or intellect

तुम <u>अंधी खोपड़ी</u> हो, कुछ भी करने लग जाते हो।

72. अंधी गली —

ऐसी गली जो एक तरफ़ से बंद हो — a street which is closed from one side, that is, it is not open from either sides

इस <u>अंधी गली</u> से बाहर निकलने का रास्ता किसे पता है?

73. अंधी गली के मुहाने पर —

एक गली के अंतिम बंद छोर पर जहाँ से कोई आगे न जा सके — to be at a dead end

इस <u>अंधी गली के मुहाने पर</u> एक भिखारी बैठा रहता है।

74. अंधी सरकार —

विवेकहीन शासन — indiscreet administration

उदासीन सरकार, जो किसी कार्य में दिलचस्पी न दिखाए, कोई उत्साह न दिखाए और

कोई भी कदम न उठाना चाहे— an apathetic government, which shows up no interest in any work, does not show up any energy and is not willing to take up any action

ये <u>अंधी सरकार</u> अपनी नीतियों के कारण अगले सत्र में नहीं जीत पाएगी।

75. अंधे की लकड़ी या लाठी —

एकमात्र सहारा — the only support

एकल सहारा — helpless man's only assistance

जल्दी से कुछ बन जाओ, तुम्हीं तो मुझ जैसे <u>अंधे की लाठी</u> हो।

76. अंधे के आगे रोना —

ऐसे आदमी को अपनी दुखद कथा सुनाना जो उसमें कुछ न कर सकता हो — to narrate your sad tale to such a person who can do noting about it

किसी निष्ठुर के आगे अपना दुखड़ा रोना — to cry out your story before a hard hearted, tough, cruel and ruthless person

आखिर कब तक उस <u>अंधे के आगे रोते</u> रहोगे, उठो और उठकर अपनी समस्या स्वयं हल करो।

77. अंधे के हाथ बटेर लगना या लग जाना —

बिना प्रयास भारी चीज़ पा लेना — getting a valuable thing without doing any efforts for it

अयोग्य को अनायास ही अच्छी वस्तु मिल जाना — an incapable person suddenly getting a good thing

निर्गुणी को कोई अमूल्य वस्तु अनायास प्राप्त होना — a man with poor qualities or lacking certain qualities suddenly getting something valuable

अयोग्य होने पर भी बहुमूल्य वस्तु मिल जाना — even on being an incapable person getting a precious or valuable thing

अयोग्य व्यक्ति के हाथ भाग्यवश इच्छित वस्तु की प्राप्ति होना — an incapable person luckily getting a desired thing

— a prize kill by a blind man

— to have an unexpected gain

— to have a windfall gain

— to hit the mark

वह मेहनत करता रहा, मैं खेलता रहा फिर भी मैं प्रथम आ गया, मेरे लिए यह <u>अंधे के हाथ बटेर लगने</u> जैसा था।

78. अंधे को अंधा राह दिखाए —

जब एक अंधा व्यक्ति दूसरे अंधे व्यक्ति का नेतृत्व करता है, तो दोनों ही गड्ढे में गिर जाते हैं — When the blind lead the blind, both shall fall into the ditch

सुमित अपने मित्र की सलाह मान कर ठीक नहीं कर रहा, भला क्या <u>अंधे को अंधा राह दिखा</u> सकता है।

79. अंधे को चिराग दिखाना —

मूर्ख को उपदेश देना — to lecture a foolish person

बेअक्ल को सीख या उपदेश देना — to give lesson or lecture to a foolish person

उसे ज़्यादा सलाह मत देना, <u>अंधे को चिराग दिखाना</u> व्यर्थ है।

80. अंधेर नगरी —

वह स्थान जहाँ कोई नियम व्यवस्था न हो — a place where there isn't any system of rules

वह स्थान जहाँ कपट का बोलबाला हो — a place where there is too much of deception

अन्याय की जगह — a place of injustice

इस <u>अंधेर नगरी</u> को कोई अच्छा शासक कब मिलेगा।

81. अंधेरखाता —

अव्यवस्था, अन्याय होना, घपला, गड़बड़ी — to do unjust

इस संस्था में सभी लोग तिकड़मबाज हैं, पूरा का पूरा <u>अंधेरखाता</u> है।

82. अंधों में काना राजा —

अयोग्य व्यक्तियों के बीच कम योग्य भी बहुत योग्य होता है — amongst incapable people the least capable is considered respectable

गुणहीनों में थोड़ा गुणी भी सम्मानित होता है — amongst people lacking qualities even the person with least qualities is considered respectable

मूर्खों के बीच कम ज्ञान वाले को भी श्रेष्ठ माना जाता है — amongst foolish a least knowledgeable person is also considered respectable

बेअक्लों के बीच अल्प ज्ञानी भी सम्माननीय होता है — amongst foolish a least knowledgeable person is also considered respectable

— a figure among cyphers, Triton among the minnows

उसको सब तीस मार खाँ समझते हैं, <u>अंधों में काना राजा</u> जो है।

83. अँधेरी कोठरी —

एक अँधेरा कमरा — a dark cell

गर्भ — the womb

नौ माह बच्चा अपनी माँ की <u>अँधेरी कोठरी</u> में पलता है।

84. अँधेरे उजाले —

सर्वदा — always

हमेशा — always

समय कुसमय — good or bad time, just or unjust time, right or wrong time

वक़्त बेवक़्त — good or bad time, just or unjust time, right or wrong time

<u>अँधेरे उजाले</u> हमें उम्मीद रखनी चाहिए तभी हम कुछ कर सकेंगे।

85. अँधेरे घर का उजाला या अँधेरे घर का उजियारा —

इकलौता या एकमात्र पुत्र — the only son of a family

वह जना जिससे वंश आगे बढ़ने की आशा हो — the only person who can carry on the current dynasty through his children, a light in the darkness

अकेला बच्चा होना — to be the only child of a family

वह सेठ जी के <u>अँधेरे घर का उजाला</u> है।

86. अँधेर मचाना —

निम्न में से कोई भी मनमाना विशेषत: अनुचित आचरण वाला काम करना — to do any of the following deeds as per one's own desire, especially put up such a behavior that is considred invalid or bad or wrong

किसी का अपमान करना — to insult someone

किसी के साथ ढ़ग से पेश न आना — to maltreat others

किसी पर जुल्म ढाना — to tyrannize someone

किसी को दबाना या उस पर अत्याचार करना — to oppress someone

कुछ अधर्मी बनते हुए करना — to act lawlessly

किसी को लूटना — to loot others

किसी का शोषण करना — to exploit others

आतंक मचाना — to unleash a reign of terror

यह गुण्डागिरी छोड़ो, नहीं तो वह दिन दूर नहीं जब तुम इस शहर में <u>अँधेर मचाने</u> लगोगे।

87. अँधेरे मुँह —

पौ फटते समय या सुबह के पहले प्रहर में — wee hours of the morning

इस गाँव में <u>अँधेरे मुँह</u> औरतें कुओं से पानी भर रही होती हैं।

88. अँधेरे में तीर छोड़ना या मारना या चलाना —

कोई काम अनुमान करते हुए करना — to do something on the basis of certain estimation

अंधेरे में तीर को निशाने पर लगाने का प्रयास करना — to try to hit in the dark

बिना लक्ष्य साधे यूँ ही हवा में तीर चलाना — to try to strike without having an aim

हमेशा <u>अँधेरे में तीर छोड़ना</u> सही नहीं होता।

89. अँधेरे में रखना —

कोई छिपी हुई बात ज़रूरी समय पर भी किसी को न बताना — even at the time of necessity not to reveal any key fact to anyone

ज़रूरत पड़ने पर भी अहम वास्तविक स्थिति या तथ्यों से अवगत या परिचित न कराना

— even at the time of necessity not to reveal to anyone any facts, not even the facts regarding current true situation

किसी बात को छुपाना या औरों को अंधकार में रखना बिना उनसे कोई राज़ या ज़रूरी

बात साझा कर के — to keep in dark or to keep others in dark

वे लोग मुझे <u>अँधेरे में रखना</u> चाहते थे पर अब मुझे सब पता चल गया है।

90. अँधेरे में रहना —

किसी से संबंधित सच्चाई न जानना — ignorant about key facts related to something

तुम सब कुछ जान कर भी <u>अँधेरे में रहना</u> पसंद करोगे यह मैंने कभी सोचा नहीं था।

91. अंबर के तारे गिनना —

सो नहीं पाना — someone not able to sleep

जब से मेरी लॉटरी निकली है, तब से मैं दिन रात <u>अंबर के तारे गिन</u> रहा हूँ।

92. अकड़ जाना —

सूख के कड़ा होना या किसी ज़िद पर अड़ जाना — to become hard after drying, to stick on something with stubbornness

ग़लती करने के बावजूद वह <u>अकड़ा</u> ही <u>रहा।</u>

93. अकड़ना —

घमण्ड करना — to take pride or proud in something

माना इतने बड़े रईस नहीं हैं वे, परंतु उनका <u>अकड़ना</u> तो देखो।

94. अकारथ होना या हो जाना —

व्यर्थ होना — to be considered as useless or waste or wastage

बीज बोते ही वर्षा हो जाने के कारण उसकी सारी मेहनत <u>अकारथ हो गई।</u>

95. अकाल पड़ना या पड़ जाना —

घोर अभाव होना — to face extreme scarcity or lack of something

इस वर्ष तो जैसे आलू का <u>अकाल पड़ गया</u> है।

96. अकेला कर देना —

निस्संग करना — to create a situation that one remains a loner, to become lonely

मोहल्ले वालों से झगड़—झगड़ कर मेरे भाई ने मुझे बिल्कुल <u>अकेला कर दिया।</u>

97. अकेला - दुकेला —

अक्सर किसी का साथ न होना, पर कभी कभी ज़्यादा से ज़्यादा एक या दो लोगों का साथ होना — alone or with one or two more person's company

परिवार के साथ तो हवाई यात्रा मैंने पहली बार ही की है, अन्यथा <u>अकेले दुकेले</u> ही करता आया हूँ।

98. अकेला दम या अकेले दम —

बिना किसी के सहयोग के — without taking any person's help

वह <u>अकेले दम</u> ही मदमस्त हाथी का सामना करता रहा।

इतने बड़े परिवार में सब काम <u>अकेले दम</u> ही करना चाहो, ऐसा नहीं चलेगा।

99. अकेला पड़ना —

किसी का साथ न मिलना या मिल पाना — to be left alone

इन्हें तब अक्ल आएगी जब ये <u>अकेले पड़ेंगे।</u>

100. अकेली जान —

एक व्यक्ति जो अकेले ही रहता हो या उसे किसी का साथ न मिलता हो — all alone, a person who lives as a loner or who does not get the company of others

वह <u>अकेली जान</u>, उसके लिए इतने लंबे चौड़े खेत को संभालना मुश्किल हो रहा है।

101. अकेले कर लेना —

बस एक ही व्यक्ति द्वारा सारा कार्य संपन्न किया जाना — work completed or finished by one or single person only

शादी का सारा इंतज़ाम उसने <u>अकेले कर लेने</u> की ठानी।

102. अख़बार की सुर्खियों में रहना —

बहुत मशहूर होते हुए लोगों की चर्चा में होना — being very famous and in talks of people

कुछ भी छापो मगर मुझे <u>अख़बार की सुर्खियों में रहना</u> पसंद है।

103. अखाड़े में आना या उतरना —

किसी ख़ास क्षेत्र में प्रवेश करना, मैदान में आना — to step into an arena

किसी चुनौती को स्वीकार करना, युद्ध स्वीकार करना — to accept challenge

किसी भी प्रकार का बीड़ा उठाना — to pick up the gauntlet

अब तुम <u>अखाड़े में उतर</u> ही गए हो तो मुकाबले से मत डरना।

104. अगर मगर करना —

बहाना करना, बचने का बहाना ढूँढना — resorting to ifs and buts or irrelevant arguments

बातें बनाना — to engage in irrelevant arguments talks

हीला – हवाली करना, टालमटोल करना — Dilly-dallying, wavering

कभी हाँ, कभी नहीं करना — yea and nay

बहुत <u>अगर मगर करने</u> में लगे रहते हो, अब तो परियोजना पर काम शुरू कर ही दो।

105. अगले ज़माने का आदमी —

सीधा — सादा आदमी — an innocent person

ईमानदार व्यक्ति — an honest person

वे तो बिल्कुल ही <u>अगले ज़माने के आदमी</u> हैं।

106. अगवा करना या कर लेना —

अपहरण करना — to kidnap

किसी को <u>अगवा करना</u> कानूनी तौर पर जुर्म है।

107. अगिया बैताल —

पूर्ण रूप से क्रोध में होना — full of anger

किसी को हानि पहुँचाने का प्रयास करना — to make efforts to cause loss to others

ये भी कोई बात हुई जो आए दिन तुम <u>अगिया बैताल</u> बन जाते हो।

108. अघाना —

तृप्त होना — to be satisfied

खूब चैन से पेट भर भोजन करते रहो जब तक कि <u>अघाने</u> न लगो।

109. अचार डालना —

किसी वस्तु का उपयोग भी न करना पर उसे अपने पास ही रखे रहना — Oh! The folly of keeping so much

इतना सब क्यों जोड़े बैठे हो, <u>अचार डालने</u> का इरादा है क्या?

110. **अछूता रहना —**

किसी चीज़ के असर में नहीं आना — not to be affected by something

केरल या कश्मीर पहुँचो तो प्राकृतिक खूबसूरती से <u>अछूते रहना</u> संभव ही न होगा।

111. **अजीब लगना —**

एकदम हट के प्रतीत होना — to seem quite distinguished

उसकी सैद्धांतिक बातें और हरकतें सबको <u>अजीब लगती</u> हैं।

112. **अटकलें भिड़ाना या अटकल लगाना या अटकल पच्चू या अटकल से उपाय सोचना —**

अनुमान, अनुमान लगाना, अनुमान करना, अंदाज़ा, या अंदाज़ा करना या अंदाज़ा लगाना

— at random, fictitious, मनगढ़ंत, mere conjecture, rough estimate, guess, speculation, conjecture, by guess or conjecture

किसी चीज़ का उपाय या हल सोच लेना — to think of some remedy or solution

हम अपनी समस्या का हल ढूँढ़ने के लिए <u>अटकलें भिड़ाने</u> में लगे रहे, और इतना सारा समय यूँ ही कट गया।

113. **अटका रहना —**

रुकना — to stop

ठहरना — to stop and stay for some time

टिकना — to stay at some surface taking some support

परीक्षा के दिनों में भी उसका सारा ध्यान वर्ल्ड कप में <u>अटका रहा</u>।

114. **अटखेलियाँ करना —**

किलोल या आमोद - प्रमोद या उल्लास करना — to be engaged in a happy state

बच्चे को गोद में लिया ही था कि वह <u>अटखेलियाँ करने</u> लगा।

115. **अठखेलियाँ सूझना —**

दिल्लगी करना, केलि - क्रीड़ा की ओर प्रवृत्त होना, दिल को भाने वाली चीज़ों में लगे रहना — to engage in pleasantry or persiflage

परीक्षा के दिन नज़दीक हैं और उसे बस <u>अठखेलियाँ सूझती</u> रहती हैं।

116. **अड्डा जमना —**

किसी कारणवश कुछ व्यक्तियों का एक स्थान पर इकट्ठे हो कर बैठना — due to certain reason gathering of some people at one place

छुट्टियाँ शुरू हुईं कि बच्चों का रोहन के घर ताश खेलने के लिए <u>अड्डा जमने</u> लगा।

117. अड्डा जमाना —

हर दिन एक ख़ास वर्ग के लोगों का किसी स्थान पर इकट्ठा होना — to stay in a place for comparatively longer time period

छुट्टियों में बच्चे रिंकी के घर क्रिकेट खेलने के लिए <u>अड्डा जमाने</u> आ जाते थे।

118. अड्डा बनाना —

किसी जगह को अपना खाली समय बिताने के लिए निश्चित कर लेना — to spend your leisure time at a certain place

छुट्टियों में सब दोस्तों ने मॉल को अपना <u>अड्डा बना लिया।</u>

119. अड़ पकड़ना या अड़ जाना —

ज़िद करना — to be continuously doing insistence regarding something

पनाह में आना — to take refuge under somebody or something

हठ पकड़ लेना — to show up one's stubbornness

ज़िद न छोड़ना — not to stop insistence regarding something

रात को घूमने निकले तो ज़ुक़ाम से प्रभावित बच्चे ने कुल्फी की <u>अड़ पकड़</u> ली।

120. अड़ंगा करना या लगाना या अड़चन डालना —

किसी के पूर्ण होते हुए कार्य में बाधा या विघ्न डालना — to create obstacle in someone's work which is nearing completion

किसी के होते हुए काम में <u>अड़ंगा करना</u> तो उसकी पुरानी आदत है।

121. अड़ंगे पर चढ़ाना —

एक घटिया या कमज़ोर स्थिति में ला देना — to bring into a vulnerable position

किसी की अपेक्षा किसी और को ज़्यादा लाभ होना — to gain an advantage over

धोखा देना — to deceive

झाँसा देना — to cheat

अड़ंगे पर लाना — to play trick(s) on one's opponent

उसकी बात में मत आना, वह तो तुम्हें <u>अड़ंगे पर चढ़ा</u> रहा है।

122. अड़चन आ पड़ना —

झंझट (लड़ाई, झमेले, उलझन) में पड़ना — to get engaged in any quarrel or mess or confusion

बखेड़े (आडंबर, झगड़े, विवाद) में पड़ना — to get engaged in any show off or pomp and show or fight or controversy

अगले महीने खूब बारिश होगी, शादी की सब खरीददारी पहले से कर लो, अन्यथा <u>अड़चन आ पड़ेगी।</u>

123. अड़ियल टट्टू —

जो किसी काम के बीच कई बार रुकता हो — to undertake work with several pauses in its course

टट्टू की तरह अड़ियल व्यक्ति — a stubborn person like a pony

प्रदर्शनी के लिए मॉडल तैयार है, पर तुम <u>अड़ियल टट्टू</u> की तरह प्रदर्शनी में भाग लेने को तैयार नहीं हो।

124. अढ़ाई दिन की हुकुमत —

चंद दिनों की शानोशौकत — pomp and show or splendor or glory lasting a few days

खूब मजे लूट लो, आख़िर तुम्हारी <u>अढ़ाई दिन की हुकुमत</u> जल्दी ही खत्म हो जाएगी।

125. अण्टी मारना —

कोई चाल या चतुर बाजी चल देना — to play tricks

वह जानकारी हासिल करने के लिए तुम्हें <u>अण्टी मारनी</u> पड़ेगी।

126. अण्ड बण्ड कहना —

किसी को भला या बुरा कह देना — to say any good or bad thing to someone

किसी को अंट संट माने कुछ भी बेतुक वाली बात कह देना — to say any irrelevant thing to someone off the way

वह तो आजकल कुछ भी <u>अण्ड बण्ड कहने</u> लगा है।

127. अता पता न होना या अता पता नहीं या कुछ अता पता नहीं —

पता ठिकाना मालूम न होना — no clue, no whereabouts

अस्तित्व न होना — not to exist at all

जो पत्र उन्हें चाहिए था वह जल गया, उसके बारे में किसी को कुछ भी <u>अता पता नहीं हो</u> पाएगा।

128. अता पता मिलना —

किसी सुराग या संकेत तक पहुँचना — to reach a clue

शायद मुझे क़ातिल का कुछ <u>अता पता मिलने</u> लगा है।

129. अति करना —

एक उचित सीमा पार कर लेना — to have crossed a justifiable limit

उसके नखरे इतने बढ़ गए हैं, आजकल तो <u>अति करने</u> लगी है।

130. अथ से इति तक —

शुरूआत से अंत तक — from beginning to end

मैंने गोदान उपन्यास <u>अथ से इति तक</u> कई बार पढ़ा है।

131. अथाह में पड़ना —

मुश्किल में पड़ना, दिक्कतों में फँस जाना — to be caught in difficulties

इस प्रकार किसी संकट में पड़ना कि सहज रूप से उद्धार न हो सके — to be caught in difficulties in such a manner that one can't be rescued from these through a normal way

अब के तुम <u>अथाह में पड़ने</u> लगे तो तुम्हें कोई नहीं बचा पाएगा।

132. अद -- बदाकर —

जान - बूझ कर — something done purposefully or deliberately

निश्चयबद्ध होकर — something done after a certain decision in a determined way

उसने <u>अद - बदाकर</u> हमें अंदर घुसने से रोक दिया।

133. अदब करना —

सम्मान करना — to respect others

हमें अपने से बड़ों का <u>अदब करना</u> चाहिए।

134. अदा करना —

पालन करना, पूरा करना — to accomplish some task, to discharge, to pay debt, to perform in a particular style

अदा करना, भूमिका — to play the role

अदा करना, फ़र्ज़ — to do one's duty

अदा करना, रस्म — to observe a ceremony or ritual

अदा करना, शुक्रिया — to give thanks

हमें अपने कर्तव्य को <u>अदा करने</u> से पीछे नहीं हटना चाहिए।

135. अधजल गगरी छलकत जाए —

कम गुण वाला व्यक्ति दिखावा ज़्यादा करता है — a person lacking qualities puts up more pomp and show

उसे चित्रकला में कुछ भी नहीं आता, पर दिखावा ऐसे करता है जैसे बहुत बड़ा पेंटर हो, कहते हैं ना <u>अधजल गगरी छलकत जाए</u>।

136. अधर में झूलना या लटकना —

अनिश्चय और इंतज़ार की स्थिति में रहना — to be in a state of uncertainty and waiting

बीच की स्थिति में लटकना या होना — to hang in the balance

रहस्य में ही रहते रहना — to remain in suspense

अब के तो मुझे लगता है कि पूरी छुट्टी मैं पास और फेल की संभावना के बीच <u>अधर में झूलता</u> रहूँगा।

अधर में पड़ना —

बीच में लटकना — to hang in the balance

शंका में रहना — to remain in doubt

<u>अधर में पड़े</u> रहने से तो अच्छा है कि जा कर अपने मित्र से स्पष्ट बात कर लो।

137. अधिकार जताना —

अपने अधिकारों पर ज़ोर देना — to assert one's rights

कोई दावा करना — to lay a claim

वह उन आम के पेड़ों पर अपना <u>अधिकार जताने</u> लगा।

अधिकार जमाना —

किसी चीज़ पर अपना अधिकार घोषित करना — to come into possession

किसी चीज़ पर अपना नियंत्रण स्थापित करना — to establish control over

उसने पैतृक ज़मीनों पर अपना <u>अधिकार जमाना</u> शुरू कर दिया।

138. अधूरा जाना —

असमय गर्भपात होना — an untimely abortion

<u>अधूरा जाने</u> के बाद से वह अभी तक स्वस्थ नहीं हो पाई है।

139. अनंतकाल तक —

जिसका कोई अंत समय न हो --- till eternity

<u>अनंतकाल तक</u> श्री राम की महिमा का इस धरती पर गुणगान होता रहेगा।

140. अनंत, हरि, हरिकथा अनंता —

बिना अंत वाले प्रभु की महिमा भी असीमित है — infinite is the lord and infinite are his glories

मैंने उस भयानक खाई को हरि का नाम लेकर पार किया, वाकई में <u>अनंत, हरि, हरिकथा अनंता</u>।

141. अनबन होना —

मनमुटाव या झगड़ा होना — to be at loggerheads with

हमारी अक्सर <u>अनबन हो</u> जाती थी, पर जल्द फिर दोस्ती हो जाती।

142. अनसुनी करना —

किसी की कही बात जानबूझकर नहीं सुनना — deliberately not listening to what someone is saying

किसी की कही हुई बात सुनकर भी जानबूझकर ऐसे जताना कि सुनी ही नहीं हो —

deliberately even after hearing what someone has said showing up as if one hasn't ever heard it

उसका मन टी वी पर खेल देखने का इतना हो रहा था कि वह मेरी बात <u>अनसुनी करने</u> में लगा रहा।

143. अनाप - शनाप खर्च —

बिना सोचे - समझे, अंधाधुंध खर्च — indiscriminate expenditure

लापरवाही से खर्च — reckless expenditure

वह तो <u>अनाप - शनाप खर्च</u> कर पैसा यूँ ही बहाए चला जा रहा है।

144. अनाप -- शनाप बकना —

बड़बड़ या बकवास करते कोई राज़ खोल देना — to babble

उल्टी सीधी बातें करना पर मुद्दे पर नहीं बोलना — to talk loose

किसी को अकारण या अनुचित तौर पर गाली देना — to unnecessarily abuse others

पागलों की तरह बेकार की बातें करना — to talk absurd, nonsense things like a mad person

माना कि उसने ग़लती की, पर तुम उसे <u>अनाप - शनाप बक</u> कर अपनी मानसिक शांति

भंग न करो।

145. अपना - अपना, पराया -- पराया —

पहले अपना पीछे पराये — Blood is thicker than water, the tie of kindred is real

उनकी बीमारी की ख़बर पा कर बेटा विदेश से दौड़ा चला आया, पर रिश्तेदारों ने ख़बर भी न ली, आखिर <u>अपना - अपना, पराया - पराया</u> ही होता है।

146. अपना अरमान पूरा करना या निकालना —

अपने मन की इच्छा (कैसी भी सामान्य इच्छा) पूरी करना — to fulfill one's desire

(any normal desire)

अपने मन की साध (बहुत समय से मन में रही अपूर्ण हुई इच्छा, जिसकी पूर्ति के लिए

व्यक्ति उत्कंठित हो) पूरी करना — to fulfill one's desire (any unfulfilled desire, to fulfill which the person is quite impatient or anxious)

अपने मन की लालसा (मन की तीव्र महत्त्वाकांक्षा) पूरी करना — to fulfill one's desire (an extremely high or difficult desire to be materialized)

छुट्टियों में खूब खेल कर <u>अपना अरमान पूरा कर</u> लेना।

147. अपना उल्लू सीधा करना —

स्वार्थ सिद्ध करना — to accomplish one's selfish interest, to have an axe to grind, to serve one's own ends (by befooling others)

उन्होंने मुझ से एक बार भी मेरी ज़रूरत के बारे में नहीं पूछा, बस <u>अपना उल्लू सीधा करने</u> में लगे रहे।

148. अपना किया पाना या अपने किए का फल पाना —

जैसे कर्म किए हों वैसे ही फल को भोगना — to get suitable result of one's deeds

सब पर बहुत ज़ुल्म ढाए हैं तुमने, अब तो तुम्हें <u>अपना किया पाना</u> ही होगा।

149. अपना क्या जाता है —

आख़िरकार हम क्या खो देंगे? — what do we lose?

एक बार उसके हिसाब से भी काम कर के देख लो, आख़िर <u>अपना क्या जाता है</u>?

150. अपना घर समझना —

निस्संकोच दूसरे के घर में अपनेपन से रहना — to stay without any hesitation in someone else's house

इतनी औपचारिकता में नहीं पड़ो, इसे <u>अपना</u> ही <u>घर समझो</u>।

151. अपना बोझ आप उठाना —

अपने पैरों पर खड़ा होना — to paddle one's own canoe

इतने बड़े हो गए हो, <u>अपना बोझ आप उठाना</u> अब तो शुरू कर दो।

152. अपना भला बुरा पहचानना —

अपना स्वार्थ अच्छी तरह से पहचानना — to know on which side one's bread is buttered

ये जानना कि किसी के लिए जो कुछ भी अच्छा या बुरा है, वह कहाँ पर है — to know wherein lies one's good and bad

मुझे <u>अपना भला बुरा पहचानना</u> भली भाँति आता है, मुझे न समझाओ।

153. अपना राग अलापना या अपना ही राग अलापना या अपना अपना राग अलापना —

अपनी ही बात को कहते रहना, किसी दूसरे की बिल्कुल नहीं सुनना — to keep saying your own things, without ever hearing others

जो हमेशा <u>अपना राग अलापने</u> में लगा रहता है, वह कभी भी किसी से कुछ नहीं सीख पाता।

अपनी मारना या मारते चलना —

अपनी बात ही कहते रहना, किसी और की कभी न सुनना — one is always busy saying his own things, and never ever listens to others

कुछ तो बड़ों की भी सुनो, <u>अपनी</u> ही मत <u>मारते</u> रहो।

अपनी हाँकना या हाँकते जाना —

अपनी बात को ही कहते रहना — to always keep saying one's own things

बस <u>अपनी हाँकने</u> में लगे रहते हो, कभी मेरी भी सुन लिया करो।

अपनी अपनी अलापने चलना —

हमेशा सभी से अपने स्वार्थ या लाभ की बातें करते रहना — to always keep saying selfish or beneficial things to every one

उसे एक अरसे से <u>अपनी अपनी अलापने चलने</u> की आदत हो चुकी है।

154. अपना समझना —

आत्मीय समझना — to consider someone as an intimate person

हम दोनों के बीच कोई रिश्ता नहीं, तब भी तुम मुझे कितना <u>अपना समझने</u> लगे हो।

155. अपना सा मुँह लेकर रह जाना या अपना सा मुँह लेकर रहना —

असफलता से लज्जित होना, परास्त, विफल मनोरथ या अपमानित होने के कारण हताश होना, विफल हो जाना, लज्जित होना — to feel ashamed on getting failures

अपने आप को दूसरों के समक्ष बुरी तरह से पेश करना — to cut a sorry figure

अपमानित होने पर लज्जावश होठ लटकाए रखना, अर्थात् अपना सा मुँह लेकर रह जाना — to hang one's lip in humiliation

वैसे तो वे बहुत पढ़ते दीखाई देते थे, पर जब परीक्षा में फेल हो गए, तो <u>अपना सा मुँह लेकर रह गए।</u>

156. अपना सा मुँह लेकर लौट आना या अपना सा मुँह लेकर वापिस लौट आना —

असफल होने पर चेहरे पर निराशा लेकर लौटना — to return with disappointment writ large on one's face

पहाड़ चढ़ने गए थे, गहरी खाई देख डर गए, तो <u>अपना सा मुँह लेकर लौट आए।</u>

157. **अपना सिर ओखली में देना —**

सब जानते हुए भी खतरनाक काम में पड़ या फँस जाना — even after knowing everything being caught or trapped in a risky work

कैमरा लगा था, फिर भी सुरक्षा कर्मी से हाथापाई करने चल पड़े, <u>अपना सिर ओखली में देना</u> अब तो छोड़ दो।

158. **अपना सोना खोटा होना —**

अपने ही जने में दोष होना — our own person to be at default

अध्यापक से जाकर क्या कहूँ, तुम खुद ही अनुशासनहीन हो, जब <u>अपना सोना खोटा हो</u> तो किसी और से क्या कहूँ?

159. **अपना स्थान बना लेना —**

किसी भी समूह में अपने लिए उचित व सम्माननीय पद या स्थिति ले लेना — to take a justified and respectable post or state in some group

अच्छा नेता जनता के मन में <u>अपना स्थान बना लेने</u> में सक्षम होता है।

160. **अपना हाथ कटा लेना या कटा देना —**

अपना धन या संपत्ति या शक्ति दूसरों को दे, खुद विवश हो जाना — to give one's own money or wealth or power to others, then one feels quite helpless

नालायक बच्चों ने जायदाद अपने नाम करा ली, सो अब तो हम <u>अपना हाथ कटा चुके</u> हैं।

161. **अपना हाथ जगन्नाथ —**

अपना काम खुद ही करना बढ़िया रहता है — depend on none but yourself, if you want a thing well done, do it yourself

आत्मनिर्भर बनो, आखिर <u>अपना हाथ जगन्नाथ</u> होता है।

162. **अपनी अपनी पड़ना —**

अपने ही मामलों की परवाह करना या ऐसे मामलों से ही मतलब रखना — to be concerned with one's own affairs

अपने हितों के संदर्भ में ही सोचना — to think in terms of one's own interests

वह किसी और के बारे में नहीं सोचता, उसे तो बस <u>अपनी अपनी पड़ी</u> रहती है।

163. **अपनी कब्र खुद खोदना —**

मरने के बाद जहाँ मृत शरीर रखा जाएगा, ऐसी जगह को खुद से ही खोदना — to dig one's own grave

ऐसा कुछ भी करना, जिससे अपने ही हितों की हानि हो — to do anything that would tend to harm one's own interests

अपने ही कफ़न में कील ठोकना — to drive a nail into one's own coffin

वह इतनी बेवकूफ़ी करता है, <u>अपनी कब्र खुद खोदने</u> पर तुला है।

164. अपनी करना —

अपने मन के हिसाब से ही आचरण या व्यवहार करना — to behave as per one's own thought or mind

उसे बस <u>अपनी करने</u> की पड़ी रहती है।

165. अपनी खाल में मस्त रहना या होना —

अपने शरीर की वर्तमान अवस्था से बिल्कुल संतुष्ट होना — to be satisfied with one's body's present state

इतना मोटा है, तब भी वह <u>अपनी खाल में मस्त रहता</u> है।

166. अपनी खिचड़ी अलग पकाना या अपनी खिचड़ी खुद पकाना —-

सबसे अलग रहना, अलग - थलग रहना, मिलजुल कर न रहना — to stay isolated from everyone, to stay in separation from others, not to stay in a united way

किसी के दुख - सुख में सहभागी न होना — not to share anyone's sad and happy moments

सबसे पृथक् काम करना — to do the most different task

वह हमेशा <u>अपनी खिचड़ी अलग पकाने</u> में विश्वास करता है।

167. अपनी गाँठ ख़ाली होना —

किसी पर धन नहीं होना — someone not having money

हम उसे व्यवसाय में बिल्कुल मदद नहीं कर सकते, आख़िर हमारी तो <u>गाँठ खाली हो चुकी है</u>।

168. अपनी गाना —

बस अपनी ही बात कहते जाना — someone going on saying his or her things only

तुम्हें नहीं सुनना तो क्या, कभी हमें औरों की भी सुनने दो, बस <u>अपनी गाने</u> में लगे रहते हो।

169. अपनी गौं का यार —

वे जन जो अपने काम हेतु ही दूसरों से दोस्ती करते हैं — such people who only for their selfish interests do friendship with others

उसे ए. सी. लगवाना है, सो अब उसे <u>अपनी गौं के यार</u> सूझ रहे हैं।

170. अपनी चलाना —

खुद अपने मन की करना, औरों को भी अपने हुकुम के तहत रखना, पर किसी दूसरे की

कभी नहीं सुनना — to always do as per one's own mind, to keep others bound by one's orders,
but never ever listen to others

घर में ही <u>अपनी चलाते</u> हो, कहीं बाहर भी कुछ कर के दिखाओ।

171. अपनी जान की पड़ना —

किसी मुसीबत में अपने बचाव के उपाय सोचना — when caught up in certain difficulty thinking about
ways to save oneself

अब वह बुरी तरह फँस गया है तो उसे <u>अपनी जान की पड़</u> रही है।

172. अपनी जान से हाथ धोना —

जान देना या मरना — to give up one's life, to die

हम देश की एकता को भंग न होने देंगे, भले ही <u>अपनी जान से हाथ धोना</u> पड़े।

173. अपनी जेब से देना —

अपने पास से पैसा देना — to give money to somebody from our or his or her savings

नौकरी से लोग पैसे कमाते हैं, और ये <u>अपनी जेब से देता</u> रहा है, कभी चपरासी को तो
कभी किसी और को।

174. अपनी डफली आप बजाना —

हमेशा अपने मन की ही करना — always to do anything as per one's mind only

उसे कितना भी सिखाओ, सीखना ही नहीं चाहती, <u>अपनी डफली आप बजाती</u> रहती है।

175. अपनी तरफ़ देखना या देख लेना —

स्वयं अपनी औकात परखना — to assess one's post, designation or level in a certain group

अपना सामर्थ्य आँकना — to assess one's capability

अपनी करनी पर विचार करना — to think about one's deeds

कभी कभी हमें <u>अपनी तरफ़ देखना</u> भी चाहिए, तभी हम अपनी ग़लतियाँ समझ पाएँगे।

176. अपनी दुनिया अलग बसाना —

परिजनों से दूर जाकर अपनी गृहस्थी बसाना — to settle one's family after going far away from the
family members of such a person

उसने आज तक हम से कोई संपर्क नहीं किया, वह <u>अपनी दुनिया अलग बसा</u> चुका है।

177. अपनी नाक कटवाना —

अपने लिए अपयश पाना — to disgrace oneself

अपना अच्छा नाम बिगाड़ लेना या मिट्टी में मिलाना — to spoil one's own good name

आगे से ऐसे काम नहीं करना, नहीं तो <u>अपनी नाक कटवाने</u> में तुम कोई कसर न

छोड़ोगे।

178. अपनी नींद सोना ---

निश्चिंत रहना — to be free of care

गहरी नींद सोना — to sleep like a dog

उसे किसी की परवाह नहीं है, वह तो <u>अपनी नींद सोता</u> है।

179. अपनी पर आ जाना —

कुछ भी ठान लेना — to arrive at a firm decision

वह <u>अपनी पर आ गया</u> तो तुम यहाँ बिल्कुल नहीं टिकोगे।

180. अपनी बला से —

जिसका कुछ भी फ़र्क न पड़ता हो — something which does not make any difference or does not have any effect on or for someone

वह पढ़े न पढ़े, मेहनत करे या न करे, <u>अपनी बला से</u>, मैं इसमें कुछ नहीं कर सकता।

181. अपनी बात ऊपर रखना —

अपनी बात को ही महत्ता देना, और किसी की सुनना भी नहीं — to give importance to one's own talks, and never listen to others

तुम्हें लगता है वे तुम्हारी सुनेंगे, वे तो सदा <u>अपनी बात ऊपर रख</u> कर ही बात करते हैं।

182. अपनी बात का एक ही —

अजूबा आदमी, जो अपने दिए वचन, या कही बात का बिल्कुल पक्का हो — a unique person who is firm or duty bound for his given promise or for his uttered words in some talk

तुम उसे जितना चाहें सुना दो, पर वह <u>अपनी बात का एक ही</u> है।

183. अपनी बात का पक्का होना या अपनी बात का पूरा होना या अपनी बात का होना —

वह व्यक्ति, जो अपने दिए वचन सदा निभाए — such a person who always implements his or her given promise

उसने तुम्हें किताब दिलाने को कहा था, सो ये किताब भेजी है, वह <u>अपनी बात का पक्का है</u>।

184. **अपनी बात पर आना —**

स्वभाववश अपने पुराने ग़लत या सही कर्म पर लौट जाना — person as per nature returning back to one's old good or bad deed

तुमने झूठ न बोलने की कसम खाई थी, पर अब तुम फिर से <u>अपनी बात पर आने</u> लगे हो।

185. **अपनी मौत मरना —**

स्वाभाविक या प्राकृतिक तौर पर मृत्यु का होना — to die a natural death

वे तो कई महीने पहले <u>अपनी मौत मर</u> चुके हैं।

186. **अपनी सी करना —**

किसी के भी मत को अनदेखा करते हुए, केवल अपनी मन - मर्जी ही करते रहना — not taking into account other's opinions only doing things as per one's own wish

कभी किसी अनुभवी व्यक्ति की राय भी ले लिया करो, हमेशा यूँ <u>अपनी सी करने</u> में मत लगे रहो।

187. **अपनी अपनी ढपली, अपना अपना राग —**

कोई भी काम नियम से नहीं कर के अपने ही हिसाब से करना — instead of doing something as per laid down rules, doing it in any desired manner

नियम से चलना, अनुशासन में रहना, उससे न होगा, उसे तो <u>अपनी अपनी ढपली, अपने अपने राग</u> की आदत है।

188. **अपनी अपनी पड़ना —**

सब अपनी चिंता में डूबे हों — all are anxious for their ownself

प्रत्येक जन अपनी ही सुरक्षा या स्वार्थ के साधन हासिल करने में लगा हो — everyone is engaged in arranging things for their own safety or selfish interests

जैसे ही धरती काँपी सब को <u>अपनी अपनी पड़ने</u> लगी और भगदड़ मच गई।

189. **अपने ऊपर ओढ़ना या लेना —**

किसी जिम्मेदारी संबंधी भार ग्रहण कर लेना — to shoulder the burden related to some responsibility

उन्होंने शादी का सारा इंतज़ाम <u>अपने ऊपर ले लिया।</u>

190. **अपने कहे में होना —**

कोई चीज़ अपने ही नियंत्रण में होना — something to be in one's own control

सूज़ी सबको <u>अपने कहे में ही रखना</u> चाहती है।

191. अपने काम से काम या अपने काम से काम रखना —

केवल अपने ही काम से और उससे संबंधित लोगों से मतलब रखना — to care only for one's own work and for people related to it

किसी और के मामले में न पड़ो, बस <u>अपने काम से काम रखो</u>।

192. अपने को कुछ समझना —

यह समझ लेना कि हम भी कुछ हैं — to understand that we are also someone important

आजकल बहुत उड़ने लगे हो, आता जाता कुछ है नहीं, <u>अपने को कुछ समझने</u> लगे हो।

193. अपने को लगाना या अपने को बहुत लगाना —

अपने को कुछ भी ज़रूरत से ज़्यादा समझ लेना, जैसे बुद्धिमान, शक्तिशाली आदि — to understand oneself to be far more than what one is, like intelligent, powerful, etc.

इधर बनते काम बिगड़ रहे हैं, पर तुम <u>अपने को बहुत लगा</u> रहे हो।

194. अपने गिरेबान में झाँकना —

अपने दोषों को परखना — to evaluate one's own faults

जो <u>अपने गिरेबान में झाँकते</u> हैं, वे ही बहतर इंसान बन पाते हैं।

195. अपने चलते —

केवल तब तक ही, जब तक अपने हाथ पैर चल रहे हैं — only till then, till one's body is capable of movements to carry out certain work

<u>अपने चलते</u> दादा सब के लिए पैसा जोड़ गए, आगे सब का भगवान ही मालिक है।

196. अपने जाने —

किसी जने के कुछ भी पता रखने की सीमा तक — till the extent someone can know something

<u>अपने जाने</u> तो मैं किसी का बुरा नहीं करती, पर अनजाने में किसी का कोई नुकसान हो जाए तो पता नहीं।

197. अपने तक रखना —

कोई बात जान लेना पर उसे किसी से साझा नहीं करना — to get to know some information but not to share it with anyone else

उसने कई राज़ आजतक <u>अपने तक रखे</u> हैं, बड़ा घुन्ना है वो।

198. अपने दोष न देखे, दूसरे के गिने —

कोई अपनी ग़लतियाँ नहीं देखते हुए, दूसरों की ग़लतियाँ ही दिखाता है — the pot calls the kettle black

वे लोग ऐसे ही हैं, <u>अपने दोष न देखें, दूसरों के गिनें।</u>

199. अपने पर आना या गुज़रना —

अपने ऊपर कोई दिक्कत आ जाना — some problem to fall on one's shoulders

अब सब <u>अपने ऊपर आ गया</u> है, तो कैसे चिंतित हो रहे हैं, वे सब।

200. अपने पर बीतना —

ख़ुद ही सहना या बर्दाश्त करना — some thing that a person tolerates

कोई किसी की क्या समझेगा, जब <u>अपने पर बीतती</u> है, आदमी असल में तभी समझता है।

201. अपने पाँव पर आप कुल्हाड़ी मारना या अपने पैरों पर कुल्हाड़ी मारना या अपने पाँव पर कुल्हाड़ी मारना या अपने पाँव पर आप ही कुल्हाड़ी मारना या अपने पैर काटना —

जानबूझकर अपना नुकसान करना, स्वयं अपना नुकसान करना — to harm oneself by acting foolishly

अपना अहित ख़ुद ही कर लेना — to act against one's own interests

— to adopt suicidal policy

नौकरी छोड़ कर उसने <u>अपने पाँव पर आप कुल्हाड़ी मार</u> ली है।

202. अपने पैरों —

पैदल चल कर या अपने ही पाँवों से चल कर — to walk with one's own feet

पौ फटते ही दादी <u>अपने पैरों</u> मंदिर पूजा करने गईं थीं।

203. अपने पैरों या पाँव पर खड़ा होना —

स्वावलंबी या आत्मनिर्भर होना — to be self reliant

अपनी आवश्यकताओं की पूर्ति के लिए धन कमाने में समर्थ होना — to be capable of earning enough money to take care of one's needs

लड़का हो या लड़की, सभी को आजकल <u>अपने पैरों पर खड़ा होना</u> चाहिए।

204. अपने मन का होना —

किसी की भी परवाह करे बगैर, सदा अपने मन की ही करना — without caring for anyone, just doing what ever one wants to do

वह सदैव <u>अपने मन के होने</u> में ही खुश रहता है।

205. अपने मन की करना —

सदा अपने मन की ही मानना और करना — always consider only what one's mind wants and do deeds as per such wants

बड़े अरसे से वह <u>अपने मन की करने</u> में ही लगा हुआ है।

206. अपने मरे बिना स्वर्ग न मिलना —

खुद के करने से ही किसी काम का होना — only when one does something the work gets completed

किसी भी दिक्कत के बिना सफलता न मिलना — no success be achieved without facing any problems

नौकरानी ने आज फिर छुट्टी कर ली, आखिर <u>अपने मरे बिना स्वर्ग नहीं मिलता।</u>

207. अपने मुँह या मुख मियाँ मिट्ठू बनना —

अपनी बढ़ाई आप करना, अपनी प्रशंसा आप या स्वयं करना, खुद अपनी तारीफ में लग जाना, अपनी बड़ाई स्वयं करना — to engage or indulge in self praise, self praise is no recommendation

उसे आता जाता तो कुछ भी नहीं, पर <u>अपने मुँह मियाँ मिट्ठू बनता</u> फिरता है।

208. अपने मुँह में लेना —

ग्रास ले लेना या आहार या निवाला या कौर अंदर ले लेना — to take a bite or morsel or diet inside

महंगाई ने आम आदमी का सुख चैन <u>अपने मुँह में ले लिया</u> है।

209. अपने में खोए रहना —

सदा किसी न किसी सोच - विचार में लगे रहना — to be always engaged in some or the other sort of thinking

क्या परेशानी है जो तुम <u>अपने में खो रहे हो</u>?

210. अपने में नहीं होना —

होशहवाश में या चेतन अवस्था में नहीं होना — not to be in a conscious state

रात को पीने के बाद वे <u>अपने में नहीं होते</u>।

211. अपने रंग में रंग लेना —

किसी और को अपने जैसा ही बना लेना — to make someone like one's ownself

किसी और को अपनी प्रकृति के अनुकूल बना लेना — to make someone fit in the nature like yours own

ज़्यादा उसके साथ रहे तो वह तुम्हें <u>अपने रंग में रंग लेगा</u>।

212. अपने रास्ते चलना —

अपने पहले से निश्चित तरीके से ही व्यवहार करना — a person to behave in an already fixed manner

अपने मन की ही करनी हो तो तुम <u>अपने रास्ते चलो</u> और मुझे <u>अपने रास्ते चलने</u> दो।

213. अपने लिए जीना —

अत्यधिक स्वार्थी होना — to be a lot selfish

अभी तक तो हम <u>अपने लिए जीते</u> रहे, कम से कम अब तो थोड़ी निःस्वार्थ सेवा कर लें।

214. अपने सिर ओढ़ना —

किसी अन्य जन का कुछ भी अपने ऊपर ले लेना, जैसे दोष. दायित्व, देयता आदि — to take up anything related to someone in one's own name or on one's own shoulders, like fault, responsibility, payables etc.

खून मैंने किया, तुम दोष <u>अपने सिर ओढ़कर</u> मुझे मुक्त न कराओ, ये मुक्ति कोई मुक्ति नहीं होगी।

215. अपने सिर पड़ना —

किसी पर आफ़त आना — someone to face a crisis

अब तक मजे लूटते रहे, सब कुछ अचानक <u>अपने सिर पड़ने</u> लगा तो परेशान होने लगे।

216. अपने सिर पर खेलना —

अपनी जान को खतरे में डालना — to risk one's life

नदी में डूबती बच्ची को इसने <u>अपने सिर पर खेल</u> कर बचा लिया।

217. अपने सिर लेना —

खुद को ज़्यादा जिम्मेदार समझते हुए किसी की जिम्मेदारी, भार आदि अपने ऊपर लेना — thinking oneself to be more responsible, to carry others responsibility, burden etc. on oneself

तुम चिंता न करो, यह काम मैं <u>अपने सिर लेता</u> हूँ।

218. अपने से ज़्यादा करना —

अपनी आमतौर पर आँकी गई योग्यता से बहुत ज़्यादा कर देना — to do far more than one's normal capacity

शादी का इंतज़ाम बहुत बढ़िया था, तुम <u>अपने से ज़्यादा करने</u> में सक्षम रहे।

219. अपने हक में काँटे बोना —

कुछ ऐसा करना जिससे भविष्य में अपना ही अहित हो — to do some such thing that in future would be unfavourable to oneself

वह <u>अपने हक में काँटे बोने</u> के बाद बढ़िया नतीजे पाने के स्वपन ही देखता रहा।

220. अपमान सहना —

किसी के द्वारा किया गया अपना निरादर सह लेना — to pocket an insult

आख़िर कब तक उसे ऐसे <u>अपमान सहन</u> करना होगा।

221. अफवाह उड़ाना या फैलाना —

किसी व्यक्ति या वस्तु के बारे में ग़लत या झूठी बातों का प्रचार प्रसार करना — to defame, to spread rumours

उसके बारे में <u>अफवाह उड़ाने</u> में तुम भी शामिल थे।

222. अब तब करना —

किसी चीज़ को बहाने कर कर के टाल देना — making or giving excuses or to evade by delaying tactics, to put off

जब तुम्हें ये काम करना ही नहीं था तो यूँ <u>अब तब कर</u> के मेरा वक्त बर्बाद तो न करते।

223. अब तब की लगी रहना या होना —

काल सिर पर खड़े होना — to be at death's door

स्थिति बड़ी गम्भीर है, वे कभी भी जा सकते हैं, बस <u>अब तब की लगी हुई</u> है।

224. अब तब होना —

परेशान करना — to trouble someone

मृत्यु के करीब होना — to be nearing death

कई पद्धतियों से इलाज कराया पर वह तो <u>अब तब</u> बीमार <u>होते</u> जा रहे हैं।

225. अबे तबे करना —

बेरुखी से बात करना — to talk rudely

निरादर करते हुए संबोधित करना — to address disrespectfully

आजकल वह सब से <u>अबे तबे कर के</u> बात करने लगा है।

226. अरण्य चन्द्रिका —

बेकार की चीज़ होना — to be a useless material

इतने भूतिया खेल कम्प्यूटर मोबाईल पर मुझे तो <u>अरण्य चन्द्रिका</u> लगे।

227. अरण्य रोदन या अरण्य रोदन करना या सूर साहित्य में इस्तेमाल हुए व्यंजक कानन को रोयवो —

जंगलीपने में रोना — cry in wilderness

किसी सुधार के अनजाने समर्थक — unacknowledged advocate of some reform

निष्फल हुए निवेदन या प्रयत्न — requests and efforts without any result

लड़की विदा होने लगी तो उसके परिजन <u>अरण्य रोदन</u> करने लगे।

228. अरमान ठंडे पड़ना —

किसी चीज़ की उम्मीद ही नहीं बचना — hopes having dashed to the ground

क्रिकेट में एक रन से हारने के बाद हमारी टीम के <u>अरमान ठंडे पड़ गए</u>।

229. अरमान निकलना —

तृप्त होना या हो जाना — to be satiated

इंजीनियरिंग की परीक्षा में सफल हो कर मेरे <u>अरमान निकलने</u> लगे हैं।

230. अरमान निकालना या पूरा करना —

लंबे अरसे से रही मन की असंतुष्ट इच्छाओं को पूरा करना — to gratify one's long cherished desire

अपनी इच्छाएँ पूर्ण करना — to have it off

पोते के नामकरण पर उन्होंने अपने सारे <u>अरमान निकाले</u>।

231. अरमान रह जाना या रहना —

चाह, जो पूर्ण न हुई हो — not to have one's aspirations materialized

असंतुष्ट इच्छाएं — unsatisfied desire

इस जीवन में कोई <u>अरमान रह गया</u> हो तो वह भी बता देना, उन्हें भी पूरा करने की सोचेंगे।

232. अर्थ लोभ अनर्थ की जड़ —

धन संबंधी लालच, सभी बुराइयों का मूल कारण है — Greediness for money is the root cause of all evils

कम समय में ज़्यादा पैसा कमाने की फिराक़ में न रहो, <u>अर्थ लोभ अनर्थ की जड़</u> है।

233. अलग थलग करना —

अलग कर देना — to be isolated

संगरोध करना — to be quarantined

दिक्कत में अकेले ही रह गए, किसी का साथ नहीं मिला — to leave high and dry

कोविड के चलते बच्चों को <u>अलग थलग करना</u> बड़ा मुश्किल रहा है।

234. अल्लाह को प्यारा हो जाना —

मर जाना या मरना — to kick the bucket, die, expire, perish, pass away

इतने साल में अब उनसे मिलने आए हो, वे तो कब के <u>अल्लाह को प्यारे हो गए।</u>

235. अवसर चूकना —

मौका खो देना — to lose an opportunity

मौके का लाभ नहीं उठा पाना — not be able to benefit from an opportunity

समय रहते मेहनत कर लो, नहीं तो <u>अवसर चूक जाने</u> पर पछताओगे।

236. अवसर ताकना —

मौका ढूँढ़ना — to search an opportunity

समय पर कह दो, तुम अपनी बात कहने का <u>अवसर ताकते</u> मत रह जाना।

237. अवसर पर न चूकना —

जब तक लोहा गर्म रहे, तभी तक उस पर प्रहार कर दें — Strike the iron while it is hot

जल्दी कदम उठाओ और निर्णय लो, अवसर हाथ से नहीं जाने दो — To take time by the forelock

प्रतिस्पर्धा के लिए तैयार रहो, तो <u>अवसर पर न चूकोगे।</u>

238. अशर्फियाँ लुटें और कोयलों पर मुहर —

छोटी बातों में सावधान और मितव्ययी और बड़ी बातों में फालतू या फ़िज़ूलखर्ची — careful and economical in small matters while being wasteful or extravagant in large ones. OR Pennywise, pound foolish

छोटे मामलों जैसे छोटे से जल स्रोत की टोंटी बंद करना ध्यान रखना परंतु बड़े मामलों जैसे जलाशय के आसपास टोंटी बंद करने की परवाह न करना — Spare at the spigot and spill at the bung

ज़रा से खर्चे में तुम्हें आफ़त आती है और शादियों में बेहिसाब खर्च करते हो, वाकई में <u>अशर्फ़ियाँ लुटें और कोयलों पर मुहर</u> तुम्हारी जिंदगी की सच्चाई है।

239. अक्षर से भेंट न होना —

अनपढ़ होना — to be illiterate

मेरी माँ की तो कभी <u>अक्षर से भेंट न हुई</u> थी, पर उन्होंने हमें खूब पढ़ाया लिखाया।

240. अक्ल आना —

समझ आना — to be able to understand

अब मुझे <u>अक्ल आई</u> तो समझा कि शिक्षा क्यों ज़रूरी है।

241. अक्ल का अजीर्ण होना —

आवश्यकता से अधिक अक्ल होना — to have more intelligence than is needed

जो <u>अक्ल के अजीर्ण होते</u> हैं वे अपने आगे दूसरों को कुछ नहीं समझते।

242. अक्ल का अंधा होना या अक्ल का अंधा —

बेअक्ल होना — to be a foolish

मूर्ख होना — to be a foolish

बुद्धिहीन होना — to be a foolish

बेअक्ल — foolish

मूर्ख — foolish

बुद्धिहीन — foolish

— (person) devoid of common sense, bereft of brains

लोग तुम्हारी हँसी उड़ा रहे हैं और तुम समझ नहीं रहे, पूरे <u>अक्ल के अंधे</u> हो।

243. अक्ल का चरने जाना, अक्ल चरने जाना, अक्ल चरने चली जाना, अक्ल चली जाना, अक्ल का घास चरने जाना, अक्ल घास चरने जाना —

बुद्धि भ्रष्ट होना, सही ग़लत की समझ न रहना — unable to judge what is right or wrong

बुद्धि का न होना — lacking wisdom, intellect, intelligence and wit

समझ ही का न होना — lacking understanding

अक्ल का सही तरह से काम न करना — wisdom does not function properly

मतिभ्रम होना — to hallucinate

अक्ल चरने जाना — have the wits gone a wool gathering

अक्ल काम न करना — to be at one's wit's end

होश में न रहना या विवेकशील न रहना — to take leave of one's senses

अक्ल जाती रहना — to lose power of discrimination

<u>अक्ल चरने जाने</u> लगी तभी तो कुछ भी नहीं करते हो तुम।

अक्ल चकराना —

कुछ समझ में न आना या कुछ भी समझ नहीं पाना — not to be able to understand anything

कुछ समझने में हानि महसूस करना या कुछ समझने में अचंभित हो जाना — to be non plussed or confused

इस विषय पर मैंने इतना कुछ पढ़ लिया है, अब तो <u>अक्ल चकराने</u> लगी है।

244. अक्ल का कसूर —

बुद्धि दोष — defected intellect

दोषपूर्ण विवेक — defected wisdom

तुम से एक नौकरी भी ढंग से नहीं हुई, सब तुम्हारी <u>अक्ल का कसूर</u> है।

245. अक्ल का दुश्मन —

मूर्ख व्यक्ति, वज्रमूर्ख — foolish, not a bright person, a stupid person

मूर्ख, बेअक्ल, बौड़म, बेवकूफ़ आदमी — foolish, Dunderhead

जिसे अक्ल से दुश्मनी हो — one who has enmity with intellect

अरे <u>अक्ल के दुश्मन</u>, औरों का काम बिगाड़ने के बजाए अपना काम बनाने की सोचो।

246. अक्ल का पुतला —

असाधारण रूप से बुद्धिमान — to be extraordinarily intelligent

बेहद अक्लमंद होना — to be extremely intelligent

वह अच्छे अंक लाता है, खेल में ईनाम भी जीतता है, पूरा <u>अक्ल का पुतला</u> है।

247. अक्ल का पूरा —

बिल्कुल बुद्धू — a completely foolish person

परम मूर्ख — a supremely foolish person

तीन माह से पहला ही अध्याय याद कर रहे हो, तुम वाकई <u>अक्ल के पूरे</u> हो।

248. अक्ल काम न करना –

कुछ समझ न आना और इससे किसी तरह की हानि होना — not able to understand anything and for this reason being at a loss

कुछ समझ न आना और इस वजह से कोई निर्णय न ले पाना — not able to understand anything and for this reason being in a fix

विवेकपूर्वक काम न करना — not to act with complete wisdom

ज़िंदगी में अबतक बहुत कुछ किया, पर अब तो <u>अक्ल काम न करती</u> है।

249. अक्ल की बखिया उधेड़ना —

बुद्धि नष्ट कर देना — to destroy one's wisdom or intellect

तुम उन लोगों की संगत में रहते रहे तो वे तुम्हारी <u>अक्ल की बखिया उधेड़</u> देंगे।

250. अक्ल के घोड़े दौड़ाना —

तरह तरह की कल्पना करना — to imagine various kind of things

अनेक प्रकार के विचार करना — to think many type of thoughts

हवाई योजनाएँ बनाना या कल्पनाएँ करना — to make plans and be lost in imagination

काल्पनिक विचारों में खोए रहना — to keep imagining

— to cudgel one's brains

— to indulge in material gymnastics

विद्यार्थी मिला हुआ काम पूरा कर चुके होंगे पर तुम <u>अक्ल के घोड़े दौड़ाने</u> में ही लगे हुए हो।

251. अक्ल के तोते उड़ना —

होश उड़ जाना — to be frightened out of one's senses

मानसिक रूप से थकने के बाद कुछ भी समझ न पाना — to be at one's wit's end

अक्ल जाती रहना, होश उड़ जाना — to lose wits

होश उड़ जाना — to be thoroughly confounded

वह तो पहाड़ों की सुंदरता देखने में लगा हुआ था पर जैसे ही उसने भूस्खलन होते देखा
तो उसकी तो <u>अक्ल के तोते उड़</u> गए।

252. अक्ल के पीछे लट्ठ लिए फिरना —

मूर्खता का काम करना — to do a foolish deed

समझाने पर भी उल्टा पड़ना — on someone's making one understand, still one does a foolish deed

सदा मूर्खतापूर्ण बातें या काम करते रहना — to always keep doing foolish talks and deeds

समझाने पर भी न मानना — one does not obey even on making him or her understand something

— to be pursuing a course of folly

— to act in a grossly foolish way

उसे समझाना व्यर्थ ही रहेगा, हमेशा <u>अक्ल के पीछे लट्ठ लिए फिरता</u> है।

253. अक्ल खुल जाना --

समझदारी की बातें करने लगना — to start talking wisely or intelligently

अरे वाह ! बड़े अरसे बाद मिल कर यह देख खुशी हुई कि अब तुम्हारी <u>अक्ल खुल गई</u> है।

254. अक्ल गुम होना या हो जाना —

बुद्धि या अक्ल मारी जाना — a person's wisdom or intellect to stop functioning, to lose one's wits

उचित कर्तव्य न सूझना — the right duty does not click to a person at a particular moment

जिन भाई साहब के बिन मैं कभी रहा न था, उनकी मृत्यु हो जाने पर तो जैसे मेरी <u>अक्ल गुम होने</u> लगी थी।

255. अक्ल ठिकाने आना या लगना —

किसी वजह से अपनी ग़लती समझ में आना — due to some reason, one understands his or her mistake

ग़लत करने वाले को सज़ा देना — giving punishment to the wrong doer

तुम्हें इतना समझा चुके, पर ठोकर खाए बिना तुम्हारी <u>अक्ल ठिकाने आने</u> नहीं वाली।

256. अक्ल ठिकाने न रहना या अक्ल ठिकाने न होना —

होश में न रहना या होना — wits lost their moorings

इतनी क्लेष पिट चुकी है, अब मेरी <u>अक्ल ठिकाने न रहने</u> वाली है।

257. अक्ल ठिकाने लगाना या ठीक करना या ला देना

समझा देना — to set one right, to cut to size

तुमने चुप रहने की बजाए उसकी <u>अक्ल ठिकाने लगाई</u> होती तो बात और होती।

258. अक्ल ठिकाने होना —

होश में आना — to return to one's senses or with one's wisdom or intellect

अब <u>अक्ल ठिकाने होने</u> पर तुम्हें उसकी याद आई, बड़े मतलबी रहे हो तुम।

259. अक्ल दंग रह जाना —

चक्कर में पड़ना — to be dumb - founded

अनपढ़ होते हुए भी तुमने इतना बड़ा व्यवसाय खड़ा कर लिया, तुम्हारी निपुणता देख, मेरी <u>अक्ल दंग रह जाती</u> है।

अक्ल दंग होना —

आश्चर्यचकित हो जाना — to be amazed or surprised

इतनी छोटी सी दुकान, उस पर भी इतनी बिक्री ! मेरी तो <u>अक्ल दंग हो</u> गई है।

260. अक्ल देना —

किसी को कोई समझदारी की बात बताना — to tell someone some wise or intelligent thing

ये <u>अक्ल देना</u> किसी और को, मुझे तुम्हारी दी शिक्षा की ज़रूरत नहीं है।

261. अक्ल दौड़ाना —

खूब सोच - विचार करना — to think deeply

इतनी <u>अक्ल दौड़ाने</u> पर भी ये सवाल हल ही नहीं हो रहा।

262. अक्ल पर पत्थर या पर्दा पड़ना —

बुद्धि से काम न लेना — to be out of one's wits or to have lost one's wits

समझ जाती रहना — to take leave of one's senses

बुद्धि का नष्ट - भ्रष्ट होना — destroyed intelligence

फलत: व्यक्ति का उलटा - पुलटा काम करना —   to be confused

—   to be dumb - founded

मेरी तो <u>अक्ल पर पत्थर पड़</u> गए थे, जो उसे इतने लंबे सफर पर अकेले ही भेज दिया।

263. अक्ल लड़ाना या भिड़ाना —

बुद्धि का प्रयोग करना — to exercise one's intellect

किसी चीज़ को याद करने के लिए या किसी समस्या का हल निकालने को दिमाग़ पर ज़ोर देना — to rack one's brains

किसी निष्कर्ष तक पहुँचने के लिए माथापच्ची करना — to do brainstorming to reach an end result

इस सवाल को हल करने में आज मैंने सारी <u>अक्ल लड़ा</u> दी है तब जाकर यह हल हुआ।

264. अक्ल सठियाना या अक्ल सठिया जाना या अक्ल से सठिया जाना या अक्ल का सठिया जाना —

साठ वर्ष की आयु के उपरांत बुद्धि का ह्रास होना — after sixty years of age the intellect or wisdom power of a person to start declining

अब अपने निर्णय खुद लिया करो, हमारी <u>अक्ल सठियाने</u> लगी है।

265. अक्ल से दूर या बाहर होना —

समझ में न आना — not being able to understand anything

इस समस्या का हल तो मेरी <u>अक्ल से दूर</u> है।

266. अक्ल से मतलब न होना —

बेवकूफ़ों का सा आचरण करना — to behave like a foolish person

वह हमेशा मस्ती में ही रहता है, उसे <u>अक्ल से मतलब नहीं होता</u> है।

267. अच्छा कर देना —

किसी बीमार आदमी को स्वस्थ कर देना — to make a sick person become healthy

वह इतना निपुण चिकित्सक है कि सब को <u>अच्छा कर देता</u> है।

268. अच्छा ख़ासा —

यथेष्ट, काफ़ी — enough, sufficient

अच्छे और उपयुक्त आकार—प्रकार का — good and of suitable shape and type

अल्पाहार में इतने व्यंजन थे कि <u>अच्छा ख़ासा</u> रात्रि भोज ही हो गया।

269. अच्छा घर —

सुसंस्कृत और समृद्ध परिवार — well cultured and prosperous family

हर कोई अपनी बेटी के लिए <u>अच्छा घर</u> ही ढूँढ़ने का प्रयास करता है।

270. अच्छा बोओ, अच्छा काटो —

जिसके अच्छे कर्म होते हैं उसे अच्छा नतीजा ही मिलता है — he who sows well reaps well

<u>अच्छा बोओ, अच्छा काटो</u>, और मस्त रहो।

271. अच्छा रहना —

फ़ायदे में रहना — to profit from a certain act

हम थोड़ा रुक लिए और वे हमें अपनी कार से छोड़ गए सो हमारा वहाँ देर तक रुकना <u>अच्छा रहा</u>।

272. अच्छा लगना —

बढ़िया प्रतीत होना — seems to be good

हमारी यह छोटी सी फुलवारी सबको <u>अच्छी लगती</u> है।

273. अच्छी आँख से देखना —

अच्छे भाव से देखना — to see or look at something with a good feeling or intention

वह गाड़ी वाला रईस आदमी उस गरीब फल वाले को <u>अच्छी आँख से</u> नहीं <u>देखता</u>।

274. अच्छी कटना —

बढ़िया होना — to be well

बढ़िया तरीके से समय निकलना — time to pass away in a good way

आजकल उनकी अपने पोते पोतियों के साथ <u>अच्छी कट</u> रही है।

275. अच्छे - अच्छों से पाला पड़ना —

शीर्षतम लोगों से नोकझोंक होना — to have tussles with toppers

संयम रखा करो, तुम्हारा <u>अच्छे अच्छों से पाला पड़ता</u> रहता है।

276. अच्छे आना —

अचानक, अक्सर, किसी शुभ मौके पर किसी के यहाँ पहुँच जाना — to reach someone's house, often on some auspicious occasion, that too suddenly

आज मेरा जन्मदिन है, आपका <u>अच्छा आना</u> हुआ।

277. अच्छे घर बयाना देना —

किसी अपोक्षाकृत बड़े शक्तिशाली जने से झगड़ा मोल लेना — to get into fight with a comparatively more powerful person

तुम पलट कर जवाब न देते तो कम से कम <u>अच्छे घर बयाना देना</u> तो नहीं होता।

278. अच्छे दिन आना —

सुख समृद्धि का समय आना — the time of happiness and prosperity to come

आज खूब मेहनत करोगे तो एक न एक दिन ज़रूर <u>अच्छा दिन आएगा।</u>

279. अन्न जल उठ जाना या उठना या दानापानी उठना —

मृत्यु के सन्निकट हो जाना या होना — to be nearing death

किसी विशेष स्थान से (यहाँ धरती से) दूर जाने के लिए मजबूर होना — to be forced to move away from a particular place

किसी जगह को छोड़ने के लिए बाध्य होना — to be obliged to leave some place

किसी विशेष स्थान पर अन्न संबंधी साधनों का किसी ख़ास व्यक्ति के लिए अंत हो जाना — end of means of sustenance at a particular place for a particular person

उनका तो बहुत ही बुरा हाल हो चुका है, अब तो बस उनका <u>अन्न जल उठ जाना</u> ही बाकी समझो।

280. अन्न जल छोड़ना —

किसी वजह से लिए या रखे हुए व्रत के तहत अन्न जल न ग्रहण करना जब तक व्रत का समय पूरा न हो जाए — to give up food and water during fasting of any kind

अब से हर पूर्णिमा पर मैंने <u>अन्न जल छोड़ने</u> का संकल्प लिया है।

281. अन्न जल करना —

खाद्य सामग्री ग्रहण करना — to intake food

उद्यापन पर मैंने सभी ब्राह्मणों से <u>अन्न जल करने</u> का निवेदन किया।

282. अन्न लगना —

सेहतमंद रहना — to remain healthy

गाँव की शुद्ध हवा में तुझे <u>अन्न लगने</u> लगा है।

—— भाग 1 समाप्ति ——

सी. बी. एस. ई. कक्षा 9वीं और 10वीं के हिंदी और गणित विषयों के लिए इस किताब के लेखक से ऑनलाइन ट्यूशन पढ़ने हेतु panmaconnect@gmail.com पर सम्पर्क करें।

For wanting to get online tutored by the author of this book for CBSE Class IX & X Hindi & Mathematics Subjects kindly contact through email at panmaconnect@gmail.com